Anjo negro

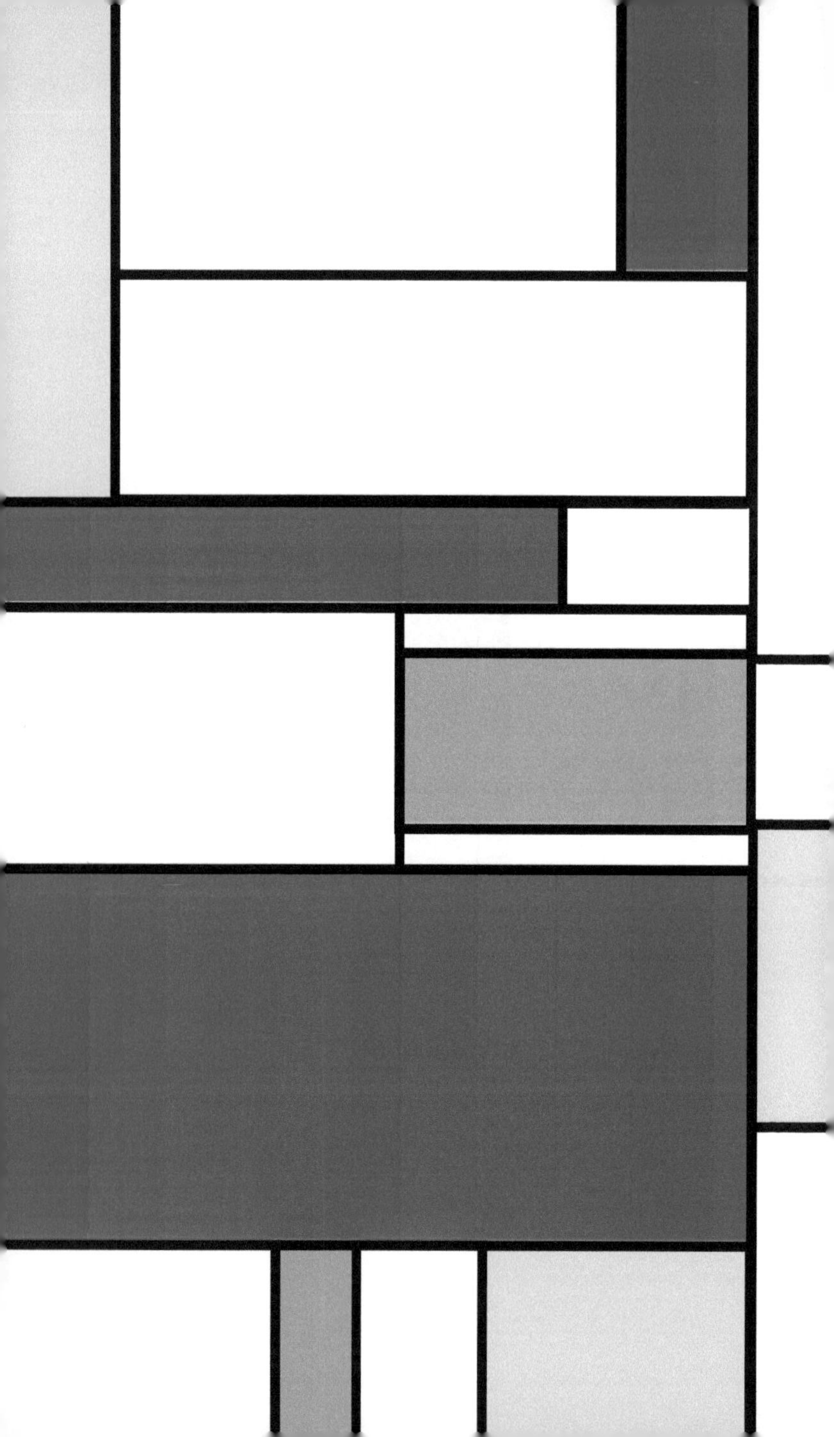

Roteiro de leitura e notas de
Flávio Aguiar

1ª MONTAGEM
EM 1948

Anjo negro

Drama em três atos
Peça mítica

EDITORA NOVA FRONTEIRA PARTICIPAÇÕES S.A.
Rua Candelária, 60 — 7º andar — Centro — 20091-020
Rio de Janeiro — RJ — Brasil
Tel.: (21) 3882-8200 — Fax: (21) 3882-8212/8313

CIP-BRASIL. CATALOGAÇÃO NA FONTE
SINDICATO NACIONAL DOS EDITORES DE LIVROS, RJ

R614a
3.ed.

Rodrigues, Nelson, 1912-1980
Anjo negro : drama em três atos : peça mítica / Nelson Rodrigues ; [notas e roteiro de leitura de Flávio Aguiar]. - 3.ed. - Rio de Janeiro : Nova Fronteira, 2012.
112p. : 18 cm

ISBN 978-85-209-3068-7

1. Teatro brasileiro. I. Título.
CDD: 869.92
CDU: 821.134.3(81)-2

Programa de estreia de ANJO NEGRO, apresentada no Teatro Fênix, Rio de Janeiro, em 2 de abril de 1948. A peça fora interditada em janeiro de 1948.

ANJO NEGRO

Tragédia em três atos
de Nelson Rodrigues

Distribuição por ordem de aparecimento:

SENHORAS	Pérola Negra
	Eunice Fernandes
	Regene Mileti
	Paula Silva
	Zeni Pereira
	Augusta Silva
ELIAS	Josef Guerreiro
CARREGADORES	Geraldo Pereira
	Jorge Aguiar
	Aimoré Nogueira
	Milton Rocha
ISMAEL	Orlando Guy
VIRGÍNIA	Maria Della Costa
CRIADA	Maria de Oliveira
TIA	Itália Fausta
PRIMAS	Nieta Junqueira
	Rosely Mendez
	Yara Brasil
	Aurora La Bella
ANA MARIA	Nicette Bruno

Produção e cenários de *Sandro*
Direção, cenários e figurinos de *Ziembinski*

A ação se passa em qualquer tempo,
em qualquer lugar.

PERSONAGENS

ISMAEL
VIRGÍNIA
ELIAS
ANA MARIA
TIA
PRIMAS
CRIADA
COVEIROS DE CRIANÇAS
E O CORO DAS PRETAS DESCALÇAS

PRIMEIRO ATO

Primeiro quadro

(Ambiente: casa de Ismael. Cenário sem nenhum caráter realista. No andar térreo, um velório. O pequeno caixão de "anjo" — de seda branca — com os quatro círios, bem finos e longos, acesos; sentadas em semicírculo, dez senhoras pretas, cuja função é, por vezes, profética; têm sempre tristíssimos presságios. Rezam muito, rezam sempre, sobretudo ave-marias, padres-nossos. De pé, rígido, velando, está Ismael, o Grande Negro. Durante toda a representação, ele usará um terno branco, de panamá[1]*, engomadíssimo, sapatos de verniz. Em cima, de costas para a plateia, Virgínia, a esposa branca, muito alva; veste luto fechado. Duas camas, uma das quais de aspecto normal. A outra, quebrada, metade do lençol para fora, travesseiro no chão. Uma escada longa e estilizada. A casa não tem teto para que a noite possa entrar e possuir os moradores. Ao fundo, grandes muros que crescem à medida que aumenta a solidão do negro.)*

SENHORA *(doce)* — Um menino tão forte e tão lindo!

SENHORA *(patética)* — De repente morreu!

SENHORA *(doce)* — Moreninho, moreninho!

SENHORA — Moreno, não. Não era moreno!

SENHORA — Mulatinho disfarçado!

SENHORA *(polêmica)* — Preto!

SENHORA *(polêmica)* — Moreno!

SENHORA *(polêmica)* — Mulato!

SENHORA *(em pânico)* — Meu Deus do céu, tenho medo de preto! Tenho medo, tenho medo!

SENHORA *(enamorada)* — Menino tão meigo, educado, triste!

1. Panamá: embora essa palavra seja mais usada para designar o chapéu feito de fibra da folha da palmeira, também é usada para designar um tecido leve de algodão, próprio para roupas de verão.

SENHORA (*encantada*) — Sabia que ia morrer, chamou a morte!

SENHORA (*na sua dor*) — É o terceiro que morre. Aqui nenhum se cria!

SENHORA (*num lamento*) — Nenhum menino se cria!

SENHORA — Três já morreram. Com a mesma idade. Má vontade de Deus!

SENHORA — Dos anjos, má vontade dos anjos!

SENHORA — Ou é o ventre da mãe que não presta!

SENHORA (*acusadora*) — Mulher branca, de útero negro!

SENHORA (*num lamento*) — Deus gosta das crianças. Mata as criancinhas! Morrem tantos meninos!

TODAS — Ave Maria, cheia de graça... (*perde-se a oração num murmúrio ininteligível*) Padre nosso que estais no céu... (*perde-se o resto num murmúrio ininteligível*)

SENHORA (*assustada*) — E se afogou num tanque tão raso!

SENHORA — Ninguém viu!

SENHORA — Ou quem sabe se foi suicídio?

SENHORA (*gritando*) — Criança não se mata! Criança não se mata!

SENHORA (*doce*) — Mas seria tão bonito que um menino se matasse!

SENHORA — O preto desejou a branca!

SENHORA (*gritando*) — Oh! Deus mata todos os desejos!

SENHORA (*num lamento*) — A branca também desejou o preto!

TODAS — Maldita seja a vida, maldito seja o amor!

(Cessam todas as vozes. Ismael vem olhar o rosto do filho. Em cima, no quarto, Virgínia se ajoelha. Na parte de fora aparece um jovem

vagabundo; caminha, indeciso, com um bordão. Logo se percebe que é um cego, cabelos claros e anelados; seu rosto exprime uma doçura quase feminina. Surgem, em seguida, quatro negros, que se espantam com a presença do cego. Negros seminus, chapéu de palha, fumando charuto.)

PRETO *(com certo humor)* — Pulou o muro, ceguinho?

CEGO *(espantado)* — O portão estava aberto.

PRETO — Está-se arriscando, companheiro. O homem não gosta que branco entre aqui.

PRETO — Você pode-se dar mal.

PRETO — Está vendo esses muros? Ah, você é cego! Pois é: ele cercou tudo. Muro por toda parte. Para ninguém entrar. E se a visita teima, ele passa fogo. Já meteu bala num, foi, não foi?

PRETO — Ora!

PRETO — Só porque o sujeito, que era branco, veio espiar!

CEGO — Então, é ele.

PRETO — Que foi que disse?

CEGO — Falando sozinho.

PRETO — E se nós estamos aqui é porque somos lá do cemitério. Conhece, não conhece? o cemitério? Ah, tu és cego! Cemitério pequeno, mas em condições; para o lugar que é, chega. Como ia dizendo — vamos levar o filho do homem, que morreu.

PRETO — De repente.

CEGO — Diga — ele se chama Ismael?

PRETO — O doutor? Sim. E que médico!

CEGO — Preto, não é preto?

PRETO — Mas de muita competência! *(para os outros)* Minto?

PRETO — Não tem como ele!

PRETO — Viu? Doutor de mão-cheia!

PRETO — Mas tome um conselho; não fale em preto, que ele se dana!

CEGO *(para si mesmo)* — Quer ser branco, não perde a mania. *(muda de tom, para o negro que fala mais)* Morreu quando o guri?

PRETO *(sem ouvir)* — Chamar quatro homens, quando um sozinho podia carregar o caixão.

PRETO — Estou contigo.

PRETO *(para o cego)* — Não é, companheiro? Para que quatro segurando nas alças, se o defunto é desse tamainho? Pesa nada!

CEGO — E a mulher?

PRETO — Ah, essa, meu filho! Ninguém vê!

CEGO — Eles estão bem?

PRETO — Se brigam muito, ninguém sabe!

CEGO — Pergunto se estão bem de dinheiro.

PRETO — Estão cheios! Têm tanto, que ele não atende mais chamado, não dá mais consulta!

CEGO — Vai ver que a mulher é de cor. Ou me engano?

PRETO — Se engana! Branca e daquelas! Uma coisa por demais. Eu conheci solteira, de meia curta. Depois não vi nunca mais!

CEGO *(para si mesmo)* — Eu já sabia, só podia ser branca! *(muda de tom)* Eu queria falar com ele!

PRETO *(alarmado)* — Com o doutor?

PRETO — Não lhe aconselho!

CEGO — Sou parente longe, segundo ou terceiro grau. Já vou indo.

PRETO — Por aqui, sempre em frente. Precisa que eu lhe acompanhe?

CEGO — Vou sozinho, obrigado.

(O vagabundo caminha, penosamente, guiando-se pelo bastão. Fala sozinho.)

CEGO — Tem morto na casa e nem parece. Não estou ouvindo choro, nem grito nenhum. Liga-se menos à morte de criança.

(Os quatro negros esperam que o cego desapareça nos fundos da casa. Fazem muita fumaça com os charutos.)

PRETO — Está na hora!

PRETO — Ele disse meio-dia e ainda falta.

PRETO *(deitando-se no chão e apoiando a cabeça nas duas mãos)* — Não faço fé que esse camarada seja parente dele.

PRETO — Sabe lá se é dela?

(Ismael deixa a sala, presumivelmente em direção ao quarto da mulher; mas a sua passagem pela outra sala coincide com o aparecimento do vagabundo na porta. Em todas as pausas, ouvem-se fragmentos dos padres-nossos e ave-marias do coro negro.)

CEGO *(para si mesmo)* — Não ouço nada. Com certeza, na hora de sair o caixão é que vai haver grito.

ISMAEL *(depois de contemplar o cego, em silêncio)* — Quem te chamou aqui?

CEGO *(avançando, incerto)* — Ismael, me dá a mão.

(Ismael, impassível, em silêncio, deixa que o cego venha ao seu encontro.)

CEGO — Te procurei tanto, e me perdi tantas vezes no caminho!

(O cego encontra o corpo do irmão, apalpa-o, procura a mão.)

CEGO — Soube que teu filho morreu. Mas fala, Ismael, fala!

ISMAEL — Quem te mandou?

CEGO — Eu mesmo. Não sou teu irmão mais novo, o caçula?

ISMAEL — Alguém te mandou!

CEGO — Foi ela que me mandou *(baixa a voz)* — tua mãe! *(muda de tom)* Eu não ia dizer isso; não ia dizer, já, porque teu filho vai ser enterrado hoje. Mas você continua duro *(pega a mão de Ismael, que continua impassível)*, até a tua mão, os nós dos dedos, parece de pedra!

ISMAEL — Queres dinheiro?

CEGO *(meio suplicante)* — Me reconheces ao menos como teu irmão? Diz "Você é meu irmão, Ismael!".

ISMAEL *(pétreo)* — Quanto, para partir imediatamente, para não voltar nunca?

ELIAS — Então deixa que eu beije o teu filho.

ISMAEL — Não!

ELIAS *(suplicante)* — Não te custa nada! Ou, então, já que não queres, conta como ele morreu, como foi?

ISMAEL *(caindo em abstração)* — Deus marcou minha vida, eu sei que é Ele, só pode ser Ele. Ninguém sabe como foi: Virgínia se distraiu um momento, um segundo, e o menino desapareceu. *(com excitação)* Não estava em lugar nenhum. *(com espanto)* Então eu me lembrei: o tanque! Fui correndo — ele estava pousado no fundo do tanque, muito quieto — e morto. Mas a água é tão rasa, bate na cintura de uma criança. Ele não podia ter-se afogado ali!

ELIAS — Devia ser uma criança linda!

ISMAEL — É o terceiro que morre. Todos morrem. *(com veemência)* Eles não se criam — ouviste? — não se criam. Nenhum, nenhum! *(muda de tom)* Você não verá meu filho! Não quero que ninguém veja. A não ser eu e a mãe dele — nós dois, ninguém mais! Vai-te e não voltes nunca!

ELIAS *(também com veemência)* — Se eu tivesse beijado teu filho, talvez calasse o que tua mãe mandou dizer.

ISMAEL — Pois então fala.

ELIAS — Você sabe que sua mãe está entrevada?

ISMAEL — Ouvi dizer.

ELIAS — Antes de minha partida, me pediu por tudo...

ISMAEL — Sei.

ELIAS — ...e eu jurei que viria dizer apenas estas palavras: "Ismael, tua mãe manda sua maldição!"

ISMAEL — Já deste o recado...

ELIAS — Não é recado. É maldição.

ISMAEL — Seja maldição. Agora, a porta é ali, embora tu não enxergues.

ELIAS — Eu vim para ficar, Ismael.

ISMAEL *(com humor sinistro)*— E esperas que eu deixe?

ELIAS — Não tenho lugar nenhum para ir.

ISMAEL — Preferes que eu te expulse daqui? Que te leve de rastos? Ou já perdeste o medo?

ELIAS — Tive medo quando era menino. Naquele tempo, você me batia porque eu não era filho de sua mãe, porque era filho de uma mulher branca com homem branco. Mas hoje, não. Talvez amanhã o medo volte...

(Ismael não responde, está de costas para o cego, que, naturalmente, não percebe.)

ELIAS *(suplicante)* — Eu fico aí em qualquer canto, como um bicho, quieto, calado, não incomodo ninguém — juro!

(Ismael continua mudo. Elias fala para si mesmo, com certa tristeza e doçura.)

ELIAS — Eu não preciso conversar com ninguém, não preciso ver ninguém. Falo sozinho, rio, acho graça comigo mesmo — é tão bom quando não tem nenhuma pessoa perto!

(Nesta altura Ismael está longe do irmão, que continua falando e gesticulando numa direção errada. Ismael apanha um relho.)

ISMAEL *(batendo com o relho num móvel)* — Sabes o que é isso?

(Elias volta-se instintivamente, na direção certa. Seu rosto exprime terror.)

ELIAS — Sei. Aquele chicote, curto, trançado, que meu pai te deu.

ISMAEL — Queres que eu use isso na tua carne?

ELIAS *(com uma coragem desesperada)* — Num cego não se bate! Você não teria essa coragem!

ISMAEL — Deixe a minha casa!

ELIAS — Vou, mas cedo ou tarde prestarás contas a Deus!

(Caminha, penosamente, para a porta.)

ISMAEL (*depois que o outro chega à porta*) — Elias!

ELIAS (*com o rosto exprimindo esperança*) — Me chamou?

(*Volta, numa espécie de deslumbramento.*)

ISMAEL (*ainda assim, duro*) — Em intenção do meu filho que morreu, te deixarei ficar aqui, mas só até amanhã, nem mais um dia. Nos fundos tem um quarto; fique lá e não saia!

ELIAS — Não sairei, Ismael.

ISMAEL — Água, comida, tudo levarão para você. Outra coisa: eu tenho uma mulher. Nem sonhe em falar com ela. É como se ela fosse do céu e você da terra, da terra, não, da lama.

ELIAS — Queres que eu jure?

ISMAEL — Não interessa.

ELIAS (*doce*) — Também posso ajudar a carregar o caixão do teu filho. Eu seguro numa alça.

ISMAEL — Não quero que toques no caixão de meu filho!

(*Ismael sobe a escada; entra no quarto da mulher. Embaixo, no velório, se faz mais nítido o rumor das preces. Ismael para, pouco atrás da mulher, que está de novo em pé.*)

ISMAEL — Desde ontem que você está assim, nesta posição.

VIRGÍNIA — Já me ajoelhei muitas vezes.

ISMAEL — Mas nem se deitou, nem dormiu.

VIRGÍNIA — Meus olhos estão queimando.

ISMAEL — Febre.

VIRGÍNIA *(retificando)* — Essa noite em claro.

ISMAEL — Nosso filho está sozinho.

VIRGÍNIA — Eu senti que você não estava mais na sala. *(volta-se para o marido)* Desde ontem que eu estava esperando — esperando o quê, meu Deus?

ISMAEL — Você me esperava, Virgínia.

VIRGÍNIA *(com espanto)* — Esperava você! Só posso esperar você, sempre. Só você chega, só você parte. O mundo está reduzido a nós dois — eu e você. Agora que TEU filho morreu.

ISMAEL *(com certa veemência)* — Mas não foi isso que você quis? Quando aconteceu AQUILO, aí do lado *(indica o leito próximo)* que foi que você disse?

VIRGÍNIA — Não sei, não me lembro, nem quero.

ISMAEL — Disse que queria fugir de tudo, de todos; queria que ninguém mais visse, que ninguém mais olhasse para você. Ou não foi?

VIRGÍNIA — Depois do que aconteceu ali — se alguém me visse, se alguém olhasse para mim, eu me sentiria nua...

ISMAEL — Então, eu te falei nesses mausoléus de gente rica, que parecem uma pequena casa. Que foi que você respondeu?

VIRGÍNIA *(mecânica)* — Respondi: "Eu queria estar num lugar assim, mas VIVA. Um lugar em que ninguém entrasse. Para esconder minha vergonha."

ISMAEL — Era isso que eu queria, também. E quero esse lugar, essa vida. Por isso criei todos esses muros, para que ninguém entrasse. Muros de pedra e altos.

VIRGÍNIA (*com espanto, virando-se para o marido*) — O mundo reduzido a mim e a você, e um filho no meio — um filho que sempre morre.

ISMAEL — Sempre.

VIRGÍNIA — Já me esqueci dos outros homens, já sinto como se no mundo só existisse uma fisionomia — a sua — todos os homens só tivessem um rosto — o seu. (*muda de tom*) Ismael, teus filhos têm o teu rosto!

(*Vem espiar o rosto do marido.*)

VIRGÍNIA — Quantos vierem, terão o teu rosto!

ISMAEL — Por que dizes "teus" filhos?

VIRGÍNIA (*com violência contida*) — Por que são "teus"!

ISMAEL — Nossos!

VIRGÍNIA (*depois de uma pausa, mergulhando o rosto nas mãos*) — SÃO NOSSOS! (*muda de tom, para si mesma*) Também são MEUS! (*excitada, para o marido*) Ismael, também são MEUS! (*acaricia o próprio ventre*) Aqui eles viveram! (*segurando o marido pelos dois braços*) Esse que morreu, esse que está lá embaixo — era MEU filho. (*numa espécie de ferocidade*) Tão parecido com você, como se fosse você que estivesse me espiando pelos olhos dele.

(*Ismael, sem um gesto, sem uma palavra, observa a histeria que se vai apossando da esposa.*)

VIRGÍNIA — Outro dia, ouviu? Eu me lembrei de um rosto, mas não sabia de quem era, não conseguia me lembrar do nome.

Não havia meio. Depois, então, me lembrei — era o de Jesus, o rosto de Jesus.

(Aperta o rosto entre as mãos. Está devorada pelo desespero. Passeia pelo quarto, enquanto o marido permanece impassível.)

VIRGÍNIA *(num apelo)* — Ismael, quero que você me arranje um quadro de Jesus! Jesus não tem o teu rosto, não tem os teus olhos — não tem, Ismael!

ISMAEL — Não — aqui não entra ninguém.

VIRGÍNIA — Mas, é um quadro, Ismael, um retrato, uma estampa — eu ponho ali, na parede. Não é bom lugar? Aqui, Ismael! Se você quiser, nem olho, é bastante para mim saber que há na casa um novo rosto. Sim, Ismael?

ISMAEL *(segurando-a)* — Não quero, não deixo! Se eu quis viver aqui, se fiz esses muros; se juntei dinheiro, muito; se ninguém entra na minha casa — é porque estou fugindo. Fugindo do desejo dos outros homens. Se mandei abrir janelas muito altas, muito, foi para isso, para que você esquecesse, para que a memória morresse em você para sempre. *(com uma paixão absoluta)* Virgínia, olha para mim, assim! Eu fiz tudo isso para que só existisse eu. Compreende agora? Não existe rosto nenhum, nenhum rosto branco! — só o meu, que é preto...

VIRGÍNIA *(dolorosa)* — Se não fosse Hortênsia, que, às vezes, fala comigo, eu não saberia que existe alguém além de nós... Você traz o quadro?

ISMAEL — Não!

VIRGÍNIA *(mais agressiva, num crescendo)* — Você tem medo de que o Cristo do retrato olhe para mim?

(Ismael está de costas para ela.)

VIRGÍNIA — Se fosse um Cristo cego, não tinha importância. Mas não há Cristo cego!

ISMAEL — Não deixo, nem quero... *(espantado)* Esse Cristo, não; claro, de traços finos...

VIRGÍNIA *(suplicante)* — Deixa, então, que eu passeie, no jardim, como antes? De noite. Preciso ver as estrelas. Posso ir com você!

ISMAEL — Não há mais estrelas.

IIRGÍNIA *(sem ouvi-lo)* — Ainda agora, eu me lembrei de que elas existem ou existiram. Há muito tempo que não pensava nelas. Eram lindas, não eram?

ISMAEL — Teu lugar é aqui. Por que falas em tudo, menos no filho que está lá embaixo? Por que não pensas nele?

VIRGÍNIA *(com encanto)* — Ele deve estar assim, *(faz o gesto respectivo)* as duas mãos unidas, como duas irmãs, duas gêmeas...

ISMAEL — Depois de morto, não quiseste vê-lo, não viste nosso filho uma única vez!

VIRGÍNIA *(com medo)* — Se eu o visse agora, não me esqueceria nunca!

ISMAEL — O caixão já vai sair! Não choras? Não tens uma lágrima?

VIRGÍNIA — Não posso! Quero, mas não posso.

ISMAEL — Porque ele é preto. Preto.

(Ismael encaminha-se para a porta. Virgínia senta-se na cama. Ismael fecha a porta pelo lado de fora. Ela grita, assustada.)

VIRGÍNIA (*correndo para a porta*) — Você me fecha aqui?

ISMAEL — É preciso.

VIRGÍNIA (*suplicante*) — Mas por quê? se você sempre me deixou andar pela casa? (*doce*) Tão bom ver outras paredes que não sejam essas; as paredes da sala, do corredor... Tão bom mesas, cadeiras, e não só essas duas camas, os lençóis... (*veemente*) Minha única alegria era mudar de ambiente, passar de uma sala para outra; subir e descer a escada. (*desesperada*) Por que me prende, Ismael, por quê?

ISMAEL — Direi depois.

VIRGÍNIA — Espera. (*com rancor*) Eu não quero ter mais filho. Filho nenhum — ouviu? — nunca!

ISMAEL (*aproximando-se da portinhola*) — Quem pode querer sou eu. E eu quero outro filho, Virgínia!

VIRGÍNIA (*desesperada*) — Meu, não!

ISMAEL — Teu, sim! Um filho teu que não morra como os outros. Porque o próximo não há de morrer — esse eu juro, Virgínia!

VIRGÍNIA — Mas você não compreende que não pode ser? Que eu não posso ter filhos assim? Estou tão cansada de morte, tão cansada de ver crianças morrendo? (*muda de tom, com voz surda*) A morte já me dá náuseas, já me enjoa o estômago! (*num arranco*) Ter filho para morrer!

ISMAEL — Eu virei.

VIRGÍNIA (*num grito*) — Não, Ismael, não! Respeite este dia! (*muda de tom, espantada*) Não quero ficar grávida de um no dia em que enterram outro! É como se o que morreu voltasse para o meu ventre e fosse apodrecer dentro de mim! *(suplicante)* Sim? Não hoje!

(Os dois se olham.)

VIRGÍNIA — Por que me olhas assim? *(com voz baixa)* Leio nos teus olhos o desejo. Mas não conseguirás nada de mim — não hoje — nem que eu me mate; e me matarei na tua frente, Ismael!

(Cai de joelhos, mergulhando o rosto entre as mãos. Os quatro negros, que estão de fora, contornam a casa e vão aparecer na porta da sala. Ismael desce. Os quatro negros o acompanham. Vão levar o caixão. Virgínia ergue-se e parece acompanhar todos os movimentos dos homens, embaixo. Os quatro negros carregam o caixão e abandonam a casa, com Ismael à frente. Então, numa espécie de frenesi, Virgínia apanha um pequeno sino e agita-o freneticamente.)

FIM DO PRIMEIRO QUADRO

Segundo quadro

(Abre-se o pano com Virgínia na mesma posição e no mesmo gesto, isto é, agitando o pequeno sino. Observa-se, porém, uma diferença de cena. As senhoras negras deslocaram-se da sala de visitas e aparecem agora, sentadas em semicírculo, no quarto da mulher branca. Subitamente Virgínia para, como se o cansaço a vencesse. Neste momento, as senhoras recomeçam a falar.)

SENHORA *(num lamento)* — A mãe nem beijou o filho morto!

SENHORA — Só moças virgens deviam segurar nas alças.

SENHORA — Não beijou o filho porque ele era preto!

SENHORA — Tão bonito uma virgem!

SENHORA — É louro o irmão branco do marido preto.

SENHORA — E tem uns quadris tão tenros!

SENHORA — Nunca a mulher devia deixar de ser virgem!

SENHORA — Mesmo casando, mesmo tendo filho. Oh, Deus! Mal-ditas as brancas que desprezam preto!

(Depois da última frase, ouve-se, de novo, o murmúrio de ladainha, ao mesmo tempo que os dedos práticos e dinâmicos contam rosários. Virgínia volta a agitar o pequeno sino, com um furor de louca. Uma preta velha surge, nervosa. Chega à porta de Virgínia, sem, entretanto, abri-la.)

VIRGÍNIA *(subitamente serena)* — Quase não vinha — custou tanto!

PRETA — Eu estava lá fora...

VIRGÍNIA — Já saiu?

PRETA — O enterro?

VIRGÍNIA — É.

PRETA — Já, d. Virgínia. Ainda agorinha.

VIRGÍNIA *(como para si mesma)* — Então, Ismael só volta de noite! Graças a Deus, vou ter umas horas de descanso! É tão bom quando ele não está! *(para a Criada, mudando de tom)* Abre!

PRETA — Me desculpe, d. Virgínia, mas não posso. O doutor deu ordem de não abrir.

VIRGÍNIA *(num lamento)* — Por que me trancam aqui dentro — por quê?

PRETA — Não sei, não, d. Virgínia. Mas penso que por causa do irmão do doutor...

VIRGÍNIA — Quem?

PRETA — O irmão do doutor que chegou de manhã.

VIRGÍNIA — Irmão? Mas que espécie de irmão?

PRETA — Branco...

VIRGÍNIA *(num deslumbramento)* — Branco?

PRETA — Cego — não enxerga...

VIRGÍNIA *(numa euforia)* — Cego? ele é cego, é? *(para si mesma)* Não vê... *(com veemência, para Hortênsia)* Preciso falar com esse homem, Hortênsia!

PRETA *(em pânico)* — Tenha juízo, d. Virgínia!

VIRGÍNIA — Abra isso já, ande!

PRETA — O doutor não quer; o doutor recomendou!

VIRGÍNIA *(possessa)* — Negra ordinária, preta! *(subitamente doce)* Abre, Hortênsia, sim?

PRETA — Não posso, d. Virgínia!

VIRGÍNIA *(suplicante)* — Hortênsia, você se lembra do que eu fiz por você, aquela vez — por sua filha? Você me disse que ela tinha dado um mau passo, tinha-se perdido. Foi, não foi?

PRETA — Foi, sim, nunca neguei. Lhe fiquei muito agradecida.

VIRGÍNIA *(doce, persuasiva)* — Então eu lhe dei dinheiro, para você tirar sua filha da vida. Eu achava — ouviu? — que uma preta devia sofrer mais que as outras, devia ser mais humilhada. Não sei, talvez porque fosse preta, eu achava que uma moça de cor na vida é mais profanada do que uma branca. Você mandou o dinheiro para sua filha. Ela é que não quis voltar, preferiu ficar onde estava. Estou mentindo?

PRETA — Não.

VIRGÍNIA — Então, abra a porta. Não quero nada de mais — só que você abra a porta.

PRETA — Me perdoe, d. Virgínia...

VIRGÍNIA *(excitadíssima)* — Eu te dou dinheiro, muito dinheiro! Todo o dinheiro que eu tenho, que eu junto! Você poderá sair daqui, não voltar nunca mais!

(Como uma possessa, vai a uma gaveta e apanha muitas cédulas.)

VIRGÍNIA — Tome! Tudo para você!

PRETA — A senhora está me perdendo, d. Virgínia!

VIRGÍNIA — Abre!

(A preta abre, depois do que apanha as cédulas que caíram no chão.)

VIRGÍNIA — Graças a Deus! *(depois que a mulher apanhou a última cédula)* Agora vai dizer a esse homem que eu quero falar com ele, mas depressa!

(A preta desce, com a pequena fortuna. Virgínia, sozinha, faz um gesto

instintivo, arrumando os cabelos. Olha um momento no espelho a própria imagem. Faz uma reflexão em voz alta.)

VIRGÍNIA *(espantada)* — Eu falando de um Cristo cego, e o irmão já tinha chegado, de longe, não sei de onde, mas já estava aí...

(Aparece na porta da sala do meio, conduzido pela Criada, o irmão branco.)

PRETA — É aqui. Vem já.

ELIAS — Se ele souber! Se ele aparecer de repente — me mata...

(Vem entrando Virgínia. Para, olhando para o cego, num deslumbramento. Instintivamente, o cego se volta na direção da cunhada. Inquieta-se, com o silêncio prolongado.)

ELIAS — É a senhora?

VIRGÍNIA — Sou eu, sim.

ELIAS — Mandou-me chamar?

VIRGÍNIA — Mandei. Sente-se!

ELIAS *(cujo comportamento trai uma timidez quase feminina)* — Desculpe que eu seja cego. Sabia?

VIRGÍNIA — Não, não sabia. Ismael não tinha me dito. Ele me falou uma vez de você por alto, sem entrar em detalhes...

(Pausa. Virgínia esboça no ar uma carícia. Mas esconde, depressa, a mão.)

ELIAS *(incerto e doce)* — A senhora é bonita?

VIRGÍNIA — Me chame de você.

ELIAS — É?

VIRGÍNIA — Você acha que sou?

ELIAS — Me disseram que sim.

VIRGÍNIA — Pois sou.

(Estende agora as duas mãos para o cego, numa espécie de apelo. Logo, porém, interrompe o gesto.)

ELIAS — Desde que você entrou, eu soube que era linda.

VIRGÍNIA *(acariciando-se a si mesma)* — Poucas mulheres são tão bonitas como eu. Se você enxergasse, veria que eu não minto.

ELIAS *(doce)* — Imagino.

VIRGÍNIA — Mas, ao mesmo tempo, é bom que você seja cego. Se você não fosse cego, eu teria vergonha de si, não poderia estar aqui com você. Assim, não. Ponho minhas mãos nas suas *(faz o gesto)* e não vejo nada de mais nisso.

ELIAS — Mãos tão macias!

VIRGÍNIA *(com sofrimento)* — Se você soubesse a saudade que eu tinha de outro rosto que não fosse o dele? E branco?!... Graças a Deus, não sou cega, posso ficar assim, olhando, até me fartar; e acho que não me fartaria nunca! *(súplice)* Deixa eu passar a mão pelo seu rosto? É um capricho meu. *(passa a mão no rosto)* Estou tateando você, como se eu é que fosse cega! Seus traços são finos!

ELIAS *(inquieto)* — Se ele chegar?

VIRGÍNIA — Não há perigo. Vai demorar. Só vem de noite. Fale, sim? Há oito anos que nenhum homem me fala. E muito menos claro assim. Só ele. Vocês nunca se deram, não é?

ELIAS — Ele não gosta de mim.

VIRGÍNIA — Nem você dele?

ELIAS — Nem eu dele. E você?

VIRGÍNIA — Eu?

ELIAS — Gosta do seu marido? *(silêncio)* Responda. Gosta? *(silêncio)* Ninguém pode gostar dele... Desde menino, ele tem vergonha; vergonha, não: ódio da própria cor. Um homem assim é maldito. A gente deve ser o que é. Acho que até o leproso não deve renegar a própria lepra.

VIRGÍNIA *(com as mãos nas dele)* — Estou gostando tanto do que você diz! Você é irmão de Ismael como?

ELIAS — De criação.

VIRGÍNIA — Ah, logo vi!

ELIAS — Meu pai era italiano e depois que minha mãe morreu se juntou com a mãe de Ismael...

VIRGÍNIA — Estou ouvindo.

ELIAS *(apaixonadamente)* — Quando ele era rapaz, não bebia cachaça porque achava cachaça bebida de negro. Nunca se embriagou. E destruiu em si o desejo que sentia por mulatas e negras — ele que é tão sensual. A mim, nunca perdoou que eu fosse filho de brancos e não de negros como ele. Quando fui morar na casa de Ismael, ele já era rapaz, e eu, menino. Ismael me maltratava, me batia. Eu tinha medo dele; *(olhando em torno ou, antes, virando a cabeça de um lado para outro, como se pudesse enxergar)* e ainda hoje tenho — medo — um medo de animal, de bicho!

VIRGÍNIA *(levantdo-se e apertando a cabeça de Elias de encontro ao peito)* — Eu gosto que você tenha medo, que seja assim, fino de cintura...

ELIAS — Gosta, não gosta?... mesmo depois de cego...

VIRGÍNIA *(mudando de tom)* — Você ficou cego como?

ELIAS *(num lamento)* — Foi uma fatalidade; eu estava doente dos olhos e Ismael, que me tratava, trocou os remédios. Em vez de um, pôs outro... Perdi as duas vistas... Mesmo depois de cego ele me atormentava. Estudava muito para ser mais que os brancos, quis ser médico — só por orgulho, tudo orgulho. O que ele fez com são Jorge? Tirou da parede o quadro de são Jorge, atirou pela janela — porque era santo de preto. Um dia, desapareceu de casa, depois de ter dito à mãe dele: "Sou negro por tua causa!" *(doce, suplicante)* Já ouviu o que eu disse. Agora responda — gosta dele? *(silêncio)* Gosta?

VIRGÍNIA *(obcecada)* — Ele trocou os remédios de propósito... Para cegar você!... *(muda de tom)* Se eu gosto dele? Não... não gosto...

ELIAS — Odeia?

VIRGÍNIA *(incerta)* — Odeio...

ELIAS — Tem medo dele?

VIRGÍNIA *(incerta)* — Medo? *(mudando de tom, levanta-se, anda, enquanto Elias se desorienta, sem saber em que direção virar-se)* A transpiração dele está por toda a parte, apodrecendo nas paredes, no ar, nos lençóis, na cama, nos travesseiros, até na minha pele, nos meus seios. *(aperta a cabeça entre as mãos)* E nos meus cabelos, meu Deus!

(Cheira as mãos em concha, como se quisesse encontrar nelas o cheiro três vezes maldito.)

ELIAS — Então, por que se casou com ele? Me disseram que você é branca, nem morena, mas branca, muito branca.

VIRGÍNIA *(num transporte)* — Muito branca, muito alva. *(muda de tom)* Quem ama mistura suor com suor. *(pergunta, com avidez)* Diga se o suor dele ficou em mim, se está na minha carne? ou se é imaginação minha?

(Com expressão de sofrimento, dá primeiro as mãos, depois os braços, depois os ombros, para que o cego, já de pé, possa cheirá-los.)

ELIAS *(num transporte)* — É imaginação!

(Virgínia baixa a cabeça, numa súbita vergonha.)

ELIAS *(agressivo)* — Mas se você tem esse horror...

VIRGÍNIA *(interrompendo, brusca, afirmativa)* — Tenho!

ELIAS — ...por que se casou?

(No seu desespero, Elias enterra as unhas nos braços de Virgínia.)

VIRGÍNIA — Está-me machucando!

ELIAS *(baixo, ao ouvido da moça)* — Tenho medo que você seja linda, mas ordinária! Diga que não é, que tem sentimento — diga!

VIRGÍNIA *(dolorosa)* — Eu lhe conto — se você soubesse! Foi aqui mesmo, esta casa era da tia, que me criava. Meus pais tinham morrido. Titia era viúva, e tão fria e má que nem sei como pode existir mulher assim. Tinha cinco filhas, todas solteironas, menos uma, a caçula, que ia se casar. Era a única que um dia deixaria de ser virgem...

(Falando, Virgínia se afasta.)

ELIAS *(pedindo)* — Fique perto de mim.

VIRGÍNIA *(doce)* — Fico, sim. *(muda de tom)* Todos ali me odiavam. Porque eu tinha 15 anos, era bonita demais — linda! Vivia cercada de olhos. Quando eu me vestia, vinham-me espiar. Foi aí que Ismael apareceu, primeiro como médico, depois como amigo também. "Preto, mas muito distinto", diziam; e, depois, doutor. Em lugar de interior, isso é muito. Ele se apaixonou por mim...

ELIAS *(doce e inquieto)* — E você por ele, não?

VIRGÍNIA — Juro que não. Juro por tudo. Eu já tinha medo do desejo que havia nos seus olhos. Já adivinhava que amor com um homem assim é o mesmo que ser violada todos os dias.

ELIAS — Sempre o sonho dele foi violar uma branca.

VIRGÍNIA — Eu amava o noivo da minha prima, da caçula. Sem dizer nada a ninguém. Este, sim. Você tem alguma coisa dele. Sobretudo, na boca — os lábios finos e meigos. Não a boca vingativa do meu marido! Uma noite, o noivo de minha prima chegou cedo demais. Eu estava sozinha. Foi tudo tão de repente! Não houve uma palavra, ele me pegou e me beijou. Nada mais, a não ser a mão que percorreu o meu corpo...

ELIAS — Você não devia ter desejado nenhum homem — nunca...

(A narração de Virgínia desenvolve-se agora em crescendo.)

VIRGÍNIA — Neste momento, minha tia e a noiva apareceram. Em tempo de ver tudo. As duas não disseram uma palavra, assistindo, até o fim. Quando acabou o beijo, o noivo fugiu, e para sempre. Minha tia veio e me trancou no quarto... *(aqui baixa a voz)* Minha prima noiva fechou-se no banheiro. Demorou lá e quando foram ver *(espantada)* ela tinha-se enforcado, Elias, com uma corda tão fina, que não sei como resistiu ao peso do corpo...

ELIAS *(num lamento)* — Só os homens deviam se enforcar; as mulheres, não...

VIRGÍNIA *(sem ouvi-lo)* — E eu ali. De noite, Ismael veio fazer quarto. Era o único de fora, ninguém mais tinha sido avisado. De madrugada, senti passos. Abriram a porta — era ele mandado pela minha tia. Eu gritei, ele quis tapar minha boca — gritei como uma mulher nas dores do parto... *(muda de tom)* Se pudesses ver, eu te mostraria...

(Cai em penumbra o resto do quarto; a luz incide apenas sobre a cama em que Virgínia foi violada. Veem-se todos os sinais de uma luta selvagem; a extremidade inferior da cama está caída; metade do lençol para o chão, um travesseiro no assoalho; um pequeno abajur quebrado.)

VIRGÍNIA *(indicando a cama)* — Ninguém mais dormiu ali... A cama ficou como estava; não mudaram o lençol, não apanharam o travesseiro, nem o crucifixo de cristal, que se partiu naquela noite... Tudo como há oito anos... Ismael não quer que eu, nem ninguém, mexa em nada... Depois, veio a outra cama, de casal. Mas a minha, de solteira, continua, sempre, sempre... E continuará, depois da minha morte.

ELIAS — O noivo da que morreu devia ser bonito...

VIRGÍNIA *(com rancor)* — Foi ela, minha Tia, quem chamou Ismael, apontou a escada, que disse: "Deixa que ela grite, deixa ela gritar..." Ismael comprou a casa e, no dia seguinte, ela e as três virgens partiram. Voltaram trinta dias depois, para o casamento. E agora, quando um filho meu nasce ou morre — a mãe e as filhas vêm assistir ao parto ou ao enterro. Querem ver se o filho que nasce ou que morre é preto... *(espantada)* Hoje ainda não vieram, mas virão, tenho certeza, virão sempre...

ELIAS *(espantado)* — Por sua causa a noiva se matou...

(Apaga-se a luz no quarto amaldiçoado.)

ELIAS — Por que não morreu? A mulher que é possuída — *(baixa a voz)* assim — não deve viver...

VIRGÍNIA *(com medo)* — Morrer, não. Não posso morrer. *(como uma fanática)* Nunca. *(desesperada)* Se eu morresse, ele não me enterraria, tenho certeza. Deixaria meu corpo na cama, esperando que eu, apesar de morta, continuasse tendo filhos, *(lenta)* filhos pretos...

ELIAS — Morta não tem filhos...

VIRGÍNIA — Talvez... *(desorientada)* Quem sabe; não sei, não compreendo mais nada.

ELIAS — Se você quisesse, eu poderia salvá-la!

VIRGÍNIA — Não vejo como!

ELIAS *(segurando-a)* — Fugindo!

VIRGÍNIA — Não posso. Se eu fugisse, a transpiração dele não me largaria; está entranhada na minha carne, na minha alma. Nunca poderei me libertar! Nem a morte seria uma fuga!

ELIAS — Maldito seja o negro!

VIRGÍNIA *(doce)* — Você pode-me salvar, mas não assim. Há outra maneira. E se fizer o que eu espero, eu agradecerei de joelhos, eu beijarei no chão a marca dos seus passos.

ELIAS *(transportado)* — Sabe, não sabe? Que eu farei tudo, tudo?

VIRGÍNIA — Sei. Sinto isso em você.

(Virgínia acaricia-o no rosto, nos cabelos. Caem de joelhos os dois, um diante do outro.)

ELIAS — Você está quase louca.

VIRGÍNIA — Se já não estou.

ELIAS — Quer de mim o quê?

VIRGÍNIA — Lembra-se do que eu lhe disse? que seus lábios eram finos e meigos? Dá-me um beijo?

(Os dois beijam-se apaixonadamente. Elias ergue-se, trazendo consigo o corpo de Virgínia. Ela, então, desprende-se. Afasta-se, fica de costas para Elias. Depois volta-se para ele.)

VIRGÍNIA (*com rancor*) — Já tive três filhos. Nenhum dos três brancos. É por isso que eles morrem — porque são pretos.

ELIAS — E se fossem brancos? Não morreriam também?

VIRGÍNIA (*terminante*) — Se fossem brancos, não. Juro que não morreriam. Se não vier, desta vez, um filho branco — é outro que eu dou à morte. Ouviu bem?

ELIAS — Sim.

(Neste momento aparecem, no jardim, quatro mulheres,[2] *que são, presumivelmente, a tia e as primas de Virgínia. A tia, um tipo de mulher em que morreu toda a doçura. As filhas, solteironas que arrastam pela vida uma não desejada virgindade.)*

VIRGÍNIA — E não se esqueça de que sou bonita, linda! Aqui é a escada! Lá em cima, bem em frente, há uma porta... Está só encostada.

(Virgínia sobe a escada e vai reaparecer no quarto. Logo depois sobe Elias. Os dois encontram-se e abraçam-se e beijam-se. Cai o pano quando a tia e as primas contornam a casa.)

FIM DO PRIMEIRO ATO

2. Quatro mulheres: há aqui um evidente lapso do dramaturgo, pois já se indicou, numa fala de Virgínia, que as filhas da tia eram cinco, contando com a que morrera. Portanto, devem entrar cinco mulheres, e não quatro: a tia e as quatro primas sobreviventes. Aliás, no programa da estreia as primas que aparecem fisicamente na peça são representadas por quatro atrizes.

SEGUNDO ATO

(Mesmo ambiente. Virgínia e Elias estão em pé, junto da porta. Virgínia arruma os cabelos. Tem na atitude um certo cansaço amoroso. Elias, meigo como nunca. A cama atual de Virgínia está revolvida como a de solteira; um travesseiro no chão; metade do lençol para fora. As senhoras pretas descem e se colocam em semicírculo, junto do pequeno e decorativo tanque em que o menino se afogou. Mexem nos rosários; fazem as suas preces. Na sala de visitas, a tia e as primas solteironas. A noite cai, contra todos os relógios, porque há ainda sol em outros lugares; é, pois, uma noite prematura e triste.)

PRIMA *(num tom de lamento)* — Noutras casas, ainda tem sol. Nesta já é noite.

TIA — Vocês ouviram?

PRIMAS — Não.

TIA — Vozes?

PRIMAS — Onde?

TIA *(inquieta)* — Lá em cima.

PRIMAS *(entre si)* — Vozes lá em cima.

TIA — Duas vozes.

PRIMAS *(num lamento, sempre num tom de lamento)* — Não tem ninguém em casa. Estão no cemitério.

TIA — Eu ouvi.

PRIMA — Chegamos atrasadas.

PRIMA — Depois do enterro.

PRIMA — Esta casa é maldita.

PRIMA — Nenhuma flor no chão.

PRIMAS *(num tom de presságio)* — Num enterro sempre sobra uma flor.

PRIMA — Sempre.

PRIMA — Uma flor fica boiando no assoalho.

TIA — Eu pensei ter escutado uma voz. Ou duas. De homem e de mulher.

(Em cima, no quarto, Elias abraça Virgínia, mas esta desprende-se com violência.)

TIA — São meus nervos.

(Novamente em cima.)

VIRGÍNIA — Agora vá.
ELIAS — É cedo.
VIRGÍNIA — Tarde.
ELIAS — Você não é mais a mesma. De repente, mudou. Eu sinto que você mudou.
VIRGÍNIA — Ele pode chegar. A qualquer momento, entra aqui.
ELIAS — Então, por que me chamou? Não devia ter-me chamado. Eu ia-me embora amanhã, nunca mais voltaria. *(meigo)* Mostre as mãos...

(Maquinalmente Virgínia oferece as mãos; ele beija uma e outra. Mas Virgínia continua fria.)

VIRGÍNIA *(com impaciência)* — Você não pode ficar nesta casa. Nem mais um minuto.
ELIAS — Está fria, completamente fria.
VIRGÍNIA — Tenho medo.
ELIAS — Eu, não.
VIRGÍNIA *(dolorosa)* — Você também. Sinto nas suas mãos, na sua boca — medo... *(olha em torno)*
ELIAS — Medo nenhum. Tive antes de conhecê-la. Mas agora tudo mudou. E se você quiser — quer?

VIRGÍNIA — Não quero!

ELIAS — Eu ficaria aqui mesmo, no quarto. De pé. De frente para a porta.

VIRGÍNIA — Quanta loucura!

ELIAS *(continuando)* — Ele, então, chega...

VIRGÍNIA — E mata você.

ELIAS — E me mata.

VIRGÍNIA — E para quê, meu Deus do céu?

ELIAS *(apaixonadamente)* — Não posso viver mais sem você, não quero. Sem você que eu não vi, que nunca verei, que é tão desconhecida...

(Ao mesmo tempo que diz estas palavras, Elias tateia Virgínia, como se quisesse identificá-la.)

VIRGÍNIA — Vá — pelo amor que me tem.

ELIAS — Não!

VIRGÍNIA — Você não conhece Ismael! Ele é capaz de mandar você embora e matar a mim...

ELIAS — A você, não!

VIRGÍNIA — E por que não? Nunca vi esse homem sorrir. É tão frio, tão duro. Tem as mãos de pedra. *(ansiosa)* E você? gostaria de me ver morta?

ELIAS *(caindo em abstração)* — Seria tão bom que você morresse; assim nem ele, nem nenhum homem — ninguém mais tocaria em você...

(Embaixo, entre a tia e as primas.)

TIA — Que enterro demorado!

PRIMA — Não teve flor!

PRIMA — O cemitério é longe!

TIA — Nem tanto!

PRIMA — É, sim, mamãe!

PRIMA — Virgínia antes não ia ao cemitério!

TIA — Hoje cismou!

PRIMA — Ou será que ela está?

(Novamente em cima.)

ELIAS *(em pleno sonho)* — Você nunca se imaginou morta? *(segura Virgínia pelos dois braços)* Eu mesmo — e não ele; ele, não — eu seria capaz de matar você. Sem ódio, sem maldade — por amor; para que ninguém acariciasse você e para que você mesma não desejasse ninguém — ficasse para sempre com a boca em repouso, os seios em repouso, os quadris quietos, inocentes...

(Elias põe-se de joelhos e, na sua embriaguez, acaricia Virgínia, que se deixa adorar, sem um gesto, petrificada.)

ELIAS — Morrer assim não te faria mal — juro! Seria um bem — não compreendes que seria um bem?

VIRGÍNIA *(dolorosa)* — Compreendo.

ELIAS — Você gostaria... Seria uma coisa tão meiga como a morte de uma menina; não de mulher, mas de menina, no dia da primeira comunhão...

VIRGÍNIA — Ismael sonha com uma morte assim, mais ou menos assim...

ELIAS *(doce)* — Eu é que deveria ser teu assassino, e não ele — eu!...

(Ergue-se e procura Virgínia com as duas mãos. Virgínia não diz

palavra. Encosta-se na parede, fica imóvel. Elias passa por perto, roça pela cunhada, mas não a descobre, não a sente.)

ELIAS *(doce)* — Não fujas, eu não sou assassino. Sinto que não sou assassino, e que isso não seria crime. Eu não mataria ninguém, a não ser a ti...

(Gradualmente, a doçura de Elias transforma-se em excitação e, por fim, em cólera.)

ELIAS — Virgínia, onde estás, Virgínia? Eu também não te enterraria. Ficaria contigo, junto do teu corpo, fiel, o desejo tranquilo, sem fazer barulho, nenhum barulho... Me deitaria ao lado do teu corpo... *(desorientado)* Mas onde estás? Você está-se escondendo de mim? *(com rancor)* Não quer? Prefere esse negro? *(novamente súplice)* Perdoa, mas fala! Virgínia! Virgínia!

(Vira a cabeça para todos os lados, perdido nas suas trevas.)

VIRGÍNIA — Vai!

ELIAS — Primeiro, escuta!

VIRGÍNIA — Vai!

ELIAS — Você não pode me expulsar assim, depois do que houve...

VIRGÍNIA — Não houve nada!

ELIAS — Ainda agora...

VIRGÍNIA — Sonho seu!

ELIAS — Você se entregou a mim... Foi minha!

VIRGÍNIA *(mudando de tom)* — Fui sua, mas estava fria — fria, de gelo — não percebeu que eu estava fria?

ELIAS — Parecias louca...

VIRGÍNIA — Simulação!

ELIAS — Mentira!

VIRGÍNIA — É tão fácil simular! Qualquer mulher finge. *(absolutamente cruel)* Vai, não te quero ver nunca mais. Se apareceres aqui, se voltares aqui — eu direi a ele, contarei tudo!

(Pausa. Elias vai até a porta. De lá volta-se e fala.)

ELIAS — Eu te espero no quarto. Não sairei de lá. Nunca. Mas se não fores — se não quiseres ir — então... adeus!

(Espera a retribuição.)

ELIAS — Adeus.

(Nada.)

ELIAS — Ao menos diz — "Adeus". Só isso. Não peço mais.

(Virgínia, de costas para ele, mantém-se em silêncio. Está de rosto levantado e imersa numa tristeza absoluta.)

VIRGÍNIA — Adeus.

(Elias desce a escada, no momento em que a tia aparece na sala do meio. Ela para um momento, assombrada. Depois que o cego sai, sobe a escada e entra quando Virgínia está apanhando o travesseiro. Virgínia deixa o travesseiro no chão. As duas olham-se em silêncio.)

PRIMA — Vamos lá em cima?

PRIMA — Mamãe pode não gostar.
PRIMA — Que é que tem?
PRIMA — Já, não.
PRIMA — Só espiar.
PRIMA — Virgínia teve mais sorte do que a gente.
PRIMA — Pois eu não acho!
PRIMA — Eu não queria um marido preto!
PRIMA — Nem eu!
PRIMA — Também não!
PRIMA — Ora!
PRIMA — De nós, a única que foi noiva morreu!
PRIMA — Todo o enxoval estava pronto.
PRIMA — Vamos?
PRIMA — Lindo o jogo do dia!
PRIMA — Vamos?
PRIMA — Eu não vou, eu fico!

(Vão as primas ao encontro da tia. Sobem e entram no quarto, no momento em que, sem dizer uma palavra, a tia apanha o lençol, o travesseiro e vai arrumar a cama.)

PRIMA — Que foi?
TIA *(arrumando a cama e para Virgínia)* — Você não diz nada?
VIRGÍNIA *(ficando de costas para a tia e de frente para a plateia)* — NADA!
TIA — Quando eu subi, um homem vinha descendo a escada...
VIRGÍNIA *(rápida)* — Meu cunhado.
TIA — Cego.
VIRGÍNIA *(confirmando)* — Cego...
TIA — E é só teu cunhado?
VIRGÍNIA — Só.
TIA — Juras?
VIRGÍNIA — Juro.

TIA — Pelo teu filho que foi enterrado hoje?

(Por um momento Virgínia hesita; vira-se, fica de frente para a tia e de costas para a plateia; estão rosto com rosto.)

VIRGÍNIA — Pelo meu filho...

TIA *(numa fúria controlada)* — Por que mentes?

VIRGÍNIA *(dolorosa)* — Não minto!

TIA — Por que dissimulas? Por que escondes sempre a verdade? — desde menina...

VIRGÍNIA — Jurei!

TIA — Que vale teu juramento? *(sem transição)* Ele entrou no teu quarto?

VIRGÍNIA — Não!

TIA — Entrou!

VIRGÍNIA — Veio só falar comigo. Ficou no corredor...

TIA — Cínica! Eu sei que ele entrou, que ficou aqui muito tempo!...

VIRGÍNIA *(rápida)* — Se sabe — por que me atormenta com perguntas? Queria tanto ficar sozinha, para rezar...

TIA *(para si mesma, num transporte)* — Graças, meu Deus, por ter chegado atrasada! Se não fosse isso, talvez não soubesse nunca que tens um amante...

VIRGÍNIA *(espantada)* — Não!

TIA *(ainda absorta)* — Nem teria arrumado tua cama... Eu mesma arrumei...

VIRGÍNIA *(desesperada)* — Mas eu não tenho amante!

TIA — E esse homem?

VIRGÍNIA *(apaixonadamente)* — Isso não é amante! Foi só uma vez, um momento, uma coisa rápida. Quase não demorou. E nunca mais ele tocará em mim, isso eu dou minha palavra de honra — Deus é testemunha! *(muda de tom, meiga, suplicante)* Se a senhora soubesse por que me entreguei, se soubesse o motivo que eu tenho — um grande motivo!... Deus que lê no meu coração, que lê na minha carne, sabe que não foi desejo...

TIA — Foi desejo, só desejo! Desde pequena que você é assim!

VIRGÍNIA *(transportada)* — Se soubesse como me sinto feliz. Hoje minha cama está pura — uma virgem pode deitar-se ali, sem medo nenhum, uma virgem, uma menina... É um homem que só me teve uma vez, só uma vez, e eu não considero isso amante — não é amante — compreende? Fui eu quem o chamei — eu, está ouvindo? — ele não me conhecia, nem eu a ele; e se não fosse uma coisa tão pura, eu não ia chamá-lo, não ia trazê-lo pela mão como um menino!

TIA — E confessa que foi você?

VIRGÍNIA *(no seu deslumbramento)* — Confesso!

TIA — Confessa a mim. *(rápida)* A teu marido também?

VIRGÍNIA *(espantada)* — A meu marido, não!

TIA *(triunfante)* — Mas ele vai saber!

VIRGÍNIA *(em pânico)* — Ismael?

TIA — Ismael, sim. Vai saber que tens um amante...

VIRGÍNIA *(num lamento)* — Não é amante!

TIA — Um amante que não te conhecia e que tu não conhecias. Um amante que mandaste chamar, que seduziste, que trouxeste pela mão até teu quarto. Direi a ele, a teu marido!

VIRGÍNIA — A meu marido, não!

TIA — Escuta — você entrou na minha casa para fazer a nossa desgraça. Minha filha se matou porque você lhe roubou o noivo. Foi ou não foi por sua causa que ela se matou?

VIRGÍNIA *(baixando a cabeça)* — Não sei.

TIA — Há muito tempo que eu esperava por esse momento. Dizia: "Ela me paga; ela há-de pagar. Ou então não existe Deus." Quando teu primeiro filho morreu, eu pensei que estava vingada. Vingada do que fizeste à minha filha. Mas logo vi que não, que não sofrias, que não gostavas do teu filho, dos filhos de Ismael. Eu até disse a vocês, não disse?

PRIMA — Disse!

PRIMA — Não gosta dos filhos!

PRIMA — Não sente a morte dos filhos!

TIA *(aproximando-se mais de Virgínia, que recua com um princípio de medo)* — Tu odeias teus filhos, Virgínia? *(quase doce, como se pedisse à sobrinha para odiar)* Odeias?

VIRGÍNIA — Não.

TIA — Não negues, Virgínia. Tu sabes que odeias...

VIRGÍNIA *(sem saber o que diz)* — Os filhos de Ismael...

TIA *(recaindo na evocação)* — Eu continuei esperando. Cedo ou tarde, me vingaria...

VIRGÍNIA *(numa histeria)* — A senhora se vingou naquele dia, quando fechou toda a casa e mandou Ismael subir!

TIA — Não bastou. Foi pouco, muito pouco... Ainda falta... E nem sei se o que Ismael fez contigo foi vingança. *(veemente)* Não sei. *(para Virgínia)* Te juro que se um homem fizesse com minha filha — o que Ismael fez ali *(indica a cama quebrada)* — eu ainda agradeceria — te juro! Se visses o estado de minha filha, da que ficou lá embaixo — se visses o que ela diz, o que ela faz...

(Neste momento exato a filha aludida assume uma série de atitudes eróticas, uma das quais é a de apanhar os seios com as duas mãos, exprimindo profunda angústia sexual.)

TIA — Está quase ficando louca. E eu não posso fazer nada — você compreende? e as irmãs — essas — vão pelo mesmo caminho. *(subitamente feroz)* Mas eu prefiro que enlouqueçam! Antes loucas do que mortas. Não quero que morram. *(sem transição, espantada)* Minha filha que está lá embaixo...

PRIMAS *(em lamento)* — Nós também, mamãe.

TIA — ...e essas, vão morrer virgens, porque és uma perdida. *(violenta)* Direi tudo a teu marido, direi o que ninguém me contou, mas o que eu vi!

VIRGÍNIA — Só roubei o noivo de uma filha...

TIA — Trouxeste maldição para todas!

VIRGÍNIA — Mas Ismael não pode saber, tia. É preciso que ele não saiba. Eu faço o que a senhora quiser. O que é que a senhora quer que eu faça — diga! farei tudo!

TIA — Não quero nada. Chegou a minha vez... Vou esperar teu marido, Virgínia...

(Saem a tia e as primas. virgínia continua no quarto. Tia e primas vão comentando. Vão esperar Ismael na sala de visitas.)

PRIMA — Virgínia tem um amante!
PRIMA — Um amante.
PRIMA — Quando o marido souber!
PRIMA — Será que ele mata?
PRIMA — Claro!

(Chegam na sala; para a prima desequilibrada.)

PRIMAS *(em conjunto)* — Virgínia tem um amante!
PRIMA — Eu disse primeiro!
PRIMA — Fui eu!
PRIMA — Eu.
PRIMA — Não fui eu, mamãe?
TIA — Tenham modos!
PRIMA *(desequilibrada)* — Eu me lembro daquela noite. Como Virgínia gritou!
PRIMA — Mamãe vai dizer, não vai, mamãe?
TIA — Vou.
PRIMA *(numa alegria de débil mental)* — Que bom!
TIA — Só sairei daqui depois de ter dito.

(Pausa das primas. Entra Ismael. Vai direto ao quarto da esposa.)

ISMAEL — A porta está aberta?
VIRGÍNIA — Foi minha tia que chegou, com minhas primas, e abriu. Você não falou com elas?
ISMAEL — Não.
VIRGÍNIA — Ah! *(nova atitude, doce)* Eu estava esperando você. Vamos passear lá fora, um pouco... Só um instante — vamos?
ISMAEL — Hoje não.

VIRGÍNIA — Vamos. Lhe peço.

ISMAEL — Não, porque meu irmão está aí.

VIRGÍNIA — Seu irmão? Ah, um que é cego? É cego, não é? Você não disse nada quando saiu.

ISMAEL — Chegou de manhã.

VIRGÍNIA — Então, vamos ficar aqui. É melhor mesmo. A gente pode conversar.

ISMAEL — Estou achando você diferente.

VIRGÍNIA — Eu?

ISMAEL — Quase amorosa.

VIRGÍNIA *(numa espécie de euforia)* — Estou, não estou?

ISMAEL — Há oito anos que estamos casados. E você não teve nunca uma palavra de amor, um gesto, uma carícia...

VIRGÍNIA — Você também quase não fala comigo.

ISMAEL *(segurando-a pelos ombros)* — Mas hoje eu sinto você como se fosse outra, não a mesma.

VIRGÍNIA *(dolorosa)* — Sou outra, Ismael.

ISMAEL *(baixo)* — Esqueceste que sou negro?

VIRGÍNIA — Quase nunca me lembro que és negro, me esqueço sempre — juro. Às vezes eu te olho, muito, muito, e não sei se és negro ou não. Outras vezes, penso que só há negros no mundo e que eu sou a única branca. Outras vezes, penso que sou negra também. Gostarias de mim, se eu fosse preta?

ISMAEL — Eu nunca te disse — foi, não foi? — que te amava? ou disse?

VIRGÍNIA — Nunca.

ISMAEL *(com exasperação)* — Virgínia, eu preciso pensar em ti, e não em meu filho; mas só em ti. *(muda de tom)* Agora confessa — eu preciso saber — tens horror de mim?

VIRGÍNIA *(depois de um silêncio)* — Não.

ISMAEL *(afirmativo)* — Tens!

VIRGÍNIA *(com desespero)* — Não!

ISMAEL — Por que mentes? Há oito anos que todas as noites acontece nesta cama o que aconteceu na outra. Há oito anos que gritas como se fosse a primeira vez; e eu tenho que tapar tua boca. Sou teu marido, mas quando me aproximo de ti, é como se fosse violar uma mulher. És tu esta mulher sempre violada — porque não queres, não te abandonas, não te entregas... Sentes o meu desejo como um crime. Sentes?

VIRGÍNIA — Meu corpo é teu, já foi teu, será teu mil vezes. Mas, pelo amor de Deus, não faça perguntas!... Esquece o que houve, tudo o que houve, tudo. Porque hoje — você não vê, não sente? — eu estou amorosa ou quase...

(Virgínia pousa a cabeça no peito do marido.)

VIRGÍNIA — Não tenho medo de ti...

ISMAEL — Tens. Eu sei que tens. *(muda de tom)* Por que odiaste meus filhos?

VIRGÍNIA *(recuando)* — Não odiei teus filhos!

ISMAEL — Odiaste. Antes deles nascerem, quando estavam ainda no teu ventre — tu já os odiava. Porque eram meus filhos... Levanta o rosto! Minto? E porque eram pretos e se pareciam comigo. Tu mesma disseste — que tinham o meu rosto...

VIRGÍNIA *(olhando a fisionomia do marido)* — Tinham o teu rosto...

ISMAEL — Eles morreram porque eram pretos...

VIRGÍNIA *(com terror)* — Foi o destino.

ISMAEL *(contendo-se ainda)* — Porque eram pretos. *(novo tom)* — Pensas que eu não sei?

VIRGÍNIA *(recuando, num sopro de voz)* — Não, Ismael, não!...

ISMAEL — Que fizeste com meus filhos?

VIRGÍNIA *(apavorada)* — Nada — não fiz nada...

(Os dois se olham.)

ISMAEL — Mataste. *(baixa a voz)* Assassinaste. *(com violência contida)* Não foi o destino: foste tu, foram tuas mãos, estas mãos...

(Virgínia, instintivamente, olha e examina as próprias mãos.)

ISMAEL — Um por um. Este último, o de hoje, tu mesma o levaste, pela mão. Não lhe disseste uma palavra dura, não o assustaste; nunca foste tão doce. Junto do tanque, ainda o beijaste; depois, olhaste em torno. Não me viste, lá em cima, te espiando... Então, rápida e prática — já tinhas matado dois —, tapaste a boca do meu filho, para que ele não gritasse... Só fugiste quando ele não se mexia mais no fundo do tanque...

VIRGÍNIA *(feroz, acusadora)* — Então, por que não gritou? por que não impediu?

ISMAEL *(cortante)* — Mas é verdade?

VIRGÍNIA *(espantada)* — É.

ISMAEL — Aos outros dois você deu veneno...

VIRGÍNIA *(hirta)* — Sim.

ISMAEL — Porque eram pretos.

VIRGÍNIA (*abandonando-se*) — Porque eram pretos. (*com súbita veemência*) Mas se sabias, por que não impediste?

ISMAEL (*com voz mais grave, mais carregada*) — Não impedi porque teus crimes nos uniam ainda mais; e porque meu desejo é maior depois que te sei assassina — três vezes assassina. Ouviste? (*com uma dor maior*) Assassina na carne dos meus filhos...

VIRGÍNIA (*selvagem*) — Eu queria livrar minha casa de meninos pretos. Destruir, um por um, até o último. Não queria acariciar um filho preto... (*estranha*) Ismael, é preciso destruí-los, todos...

ISMAEL — Escuta. Vais ter um novo filho.

VIRGÍNIA — Eu sei.

ISMAEL — Preto como os outros.

VIRGÍNIA — Também sei.

ISMAEL — Mas este não morrerá.

VIRGÍNIA (*como sonâmbula*) — Este, não.

ISMAEL — Não que te falte o desejo de matá-lo. Mas porque eu não quero. Os outros, eu deixei, mas este não... Nunca levantarás para ele o teu ódio...

VIRGÍNIA — Ismael, eu juro — por Deus — pelos meninos que eu (*baixa a voz*) matei — juro que este viverá e terá o meu amor... Desejo o novo filho... Tu hoje encontrarás uma nova mulher — que deixou de ter medo, que não tem horror, que não será violada, nem hoje, nem nunca... Me acaricia. Vês como eu não fujo? Ou talvez não gostas de amar assim? Talvez precises que eu tenha medo... Talvez queiras sentir gosto de sangue nos dentes... Te dou meu corpo para que o atormentes... Eu te amo, nunca te disse, mas te amo... Só uma coisa te peço — não fales com minha tia! Expulse esta bruxa daqui! As palavras dela mordem!...

ISMAEL (*abstrato*) — Você ainda não me ama. Eu sei, tenho certeza... Primeiro, precisas amar um filho meu... Um filho preto... Depois, então, sim, amarás o marido preto... Negro...

VIRGÍNIA — Te amo, sim, Ismael!

ISMAEL (*violento*) — E por que desejas agora um novo filho, se odiaste os outros?

(A tia, que deixara a sala, chega, neste instante, na porta do quarto.)

ISMAEL — Por quê?

TIA — Porque não é teu filho, Ismael!

(Suspense dos três.)

TIA — Ela tem um amante, Ismael! Tua mulher tem um amante!

VIRGÍNIA (*fora de si*) — É mentira! Não tenho amante, nunca tive amante!

TIA — Tem! É teu irmão, Ismael, o que é cego... Se entregou a ele!

VIRGÍNIA (*histérica*) — Acredita em tua mulher, Ismael, e não nessa bruxa...

ISMAEL (*segurando-a pelos ombros*) — Tens um amante...

VIRGÍNIA — Não!

ISMAEL — Tens!

VIRGÍNIA — Te dou minha palavra de honra!

ISMAEL — E foi Elias...

TIA — Mas ele não é culpado, Ismael.Não teve culpa. Ela é que foi buscá-lo, que trouxe... pela mão... Teu irmão é cego, não enxerga, tropeçaria nos degraus.

ISMAEL — Foste buscá-lo...

TIA — Traiu você para ter um filho branco.

ISMAEL *(fazendo abstração de tudo e de todos, e falando para si mesmo)* — É castigo... Sempre tive ódio de ser negro. Desprezei, e não devia, o meu suor de preto... Só desejei o ventre das mulheres brancas... Odiei minha mãe, porque nasci de cor... Invejei Elias porque tinha o peito claro... Agora estou pagando... Um Cristo preto marcou minha carne... Tudo porque desprezei o meu suor...

(Virgínia, frenética, querendo arrancar o marido de sua abstração.)

VIRGÍNIA — Quis um filho vivo, e não mo to... Um filho que não precisasse morrer...

ISMAEL *(despertando, e com violência, para a tia)* — Pode ir — já. E não volte nunca mais. Você e suas filhas!

(Sem uma palavra, e até muito digna, a tia deixa o quarto. Vai encontrar-se com as filhas na sala.)

PRIMA DOENTE *(em tom de lamento)* — Tem marido, tem amante!

TIA — Hoje ela paga!

PRIMA — Vai morrer?

PRIMA — Direitinho!

PRIMA — Tomara!

PRIMA — Aposto!
PRIMA — Muito cínica!
TIA — Sempre foi!
PRIMA DOENTE — Seguro na alça do caixão!

(Tia e primas vão saindo e fazendo estes comentários. No quarto, Virgínia está aniquilada na cama. Ismael, de pé, parece petrificado. As senhoras pretas, em semicírculo, junto do tanque — falam.)

SENHORA — Água assassina!
SENHORA — Que parece inocente!
SENHORA — Matou uma criança!
SENHORA — Oh, Deus, fazei vir um filho branco!
SENHORA — Clarinho!
SENHORA — Que não morra como os outros!
SENHORA — E ninguém diz que este tanque já matou um.
SENHORA — Ou mais de um.
SENHORA — Ninguém diz.
SENHORA — Perdoai, meu Deus, esta água fria e escura!
SENHORA — E fazei vir um filho branco, não moreno, mas clarinho, clarinho.

(Perdem-se as vozes num sussurro de prece.)

ISMAEL — Eu levantei esses muros, te fechei num quarto. E enquanto enterrava meu filho — tu abrias a porta, mandavas entrar um homem que nunca viste...
VIRGÍNIA *(como sonâmbula)* — Abri a porta.
ISMAEL — Ainda agora você me disse — pela primeira vez — que me amava.
VIRGÍNIA *(gelada)* — Disse.
ISMAEL — Repete.

VIRGÍNIA — Você acreditou?

ISMAEL — Me amas?

VIRGÍNIA — Preciso responder?

ISMAEL — Sim ou não?

VIRGÍNIA *(recuando um pouco, num crescendo)* — Não. Bem sabes que não. Bem sabes que tenho horror de ti, que sempre tive, e que não suporto nada que tocas...

ISMAEL — É só?

VIRGÍNIA *(digna)* — Só.

ISMAEL — E teu amante?

VIRGÍNIA *(desorienta-se, vacila, mas logo reage)* — Fugiu. Eu disse a ele: "Foge! Foge!" A essa hora está longe, bem longe, *(apaixonadamente)* graças a Deus!

ISMAEL *(num crescendo)* — Teu amante está longe, bem longe. Mas o filho ficou, o filho não fugiu. *(ri, brutalmente)* Deixa que teu amante fuja. *(corta o riso)* Mas o filho está aí, ao alcance de minha mão, quase posso acariciá-lo...

(E, realmente, acaricia o ventre da esposa.)

ISMAEL — Começas a compreender?

VIRGÍNIA *(num começo de pânico)* — Sim.

ISMAEL — E não tens medo?

VIRGÍNIA *(ferozmente, com a mão no próprio ventre, como se quisesse defender o filho futuro)* — Nesse filho você não toca — nunca, ouviu — nunca! Eu não deixarei. Ele é meu e não teu! Ele é branco — branco!

ISMAEL *(numa alegria selvagem)* — Você não matou meus filhos?

VIRGÍNIA — Eu?

ISMAEL — Você, sim. Um por um. Não matou? Pois o teu — o dele — eu matarei também, *(numa alegria de louco)* e no tanque. Virgínia, ali. *(aponta na direção do tanque)* Esperarei os nove meses — são nove, não são? — e que fosse mais — um ano — eu esperaria. *(doce)* Você não sofrerá nada. Nem Elias. Mas ele. *(aponta para o ventre da mulher)* Ainda não tem forma — ainda não é carne — mas já está condenado!...

(Alucinada, Virgínia corre na direção da porta; Ismael vai atrás e arrasta-a de volta, pelo pulso.)

ISMAEL *(como quem exige e suplica)* — Eu tenho o direito — não tenho? — de afogar essa criança — ou achas que não? Foste assassina, eu também posso ser... Posso?

VIRGÍNIA *(agarrando-se a ele)* — Não, Ismael, não! Eu estava louca quando disse que tinha horror de ti! As palavras não me obedecem mais. Eu não sei o que digo, o que penso! Estou doida, Ismael, completamente doida! Eu precisava ter um filho — um filho que não fosse teu — e não pequei, juro que não pequei. Juro, não pelos filhos que morreram, mas por este *(passa a mão pelo ventre)* — este que está aqui. Se você soubesse, se pudesse imaginar a minha inocência e a de... Elias. Queres que eu te diga? Se ele me possuísse todos os dias, eu continuaria pura, minha alma não seria tocada. Se ele me matasse — pediu para me matar —, seria tão puro no crime como no amor... Seu crime não seria cruel, mas assim como um sonho... Eu não sabia, não podia imaginar que existisse amor inocente e que uma mulher pudesse se entregar sem culpa. Você compreende? que eu me sinta sem culpa — nenhuma, nenhuma! *(num êxtase, momentaneamente esquecida da presença do marido)* Eu acho que ele não conhecia o amor, que não conhecia mulher *(rosto a rosto com Ismael)*, que fui eu a primeira...

ISMAEL *(segurando-a)* — Olha para mim! Se tivesse sido um desejo...

VIRGÍNIA — Não foi!

ISMAEL — ...apenas um desejo, prazer, eu poderia perdoar ou esquecer.

VIRGÍNIA — Perdoa ou esquece, Ismael!

ISMAEL — Mas houve mais que um desejo...

VIRGÍNIA — Muito mais!

ISMAEL — Estou vendo em ti que não esquecerás este homem. Ele trouxe um amor que nenhum outro te daria. Nem eu.

VIRGÍNIA *(num sopro de voz)* — Não! não! *(desesperada)* As palavras me perdem. Elas dizem o que eu não queria dizer!

ISMAEL *(como se quisesse convencê-la)* — Já que este homem fugiu — pagará o teu filho, o filho dele.

(Virgínia perde a cabeça; sua incoerência é absoluta.)

VIRGÍNIA — Meu filho, não. Meu filho não é culpado de nada, Ismael. Eu não amo este homem. Se eu o chamei, foi por causa do filho, para ter o filho... Teu irmão não me importa. E não é puro, não é inocente...

Se disse isso, foi para te enganar, pensando que assim sentirias menos... Mas ele só sabe amar como você, como qualquer outro — fazendo da mulher uma prostituta... *(num esforço supremo para convencer o marido)* Pois se até eu fiquei com ódio dele, e de mim, *(histérica)* com ódio da cama, da fronha, do lençol, de tudo!

(Mergulha o rosto nas mãos, numa crise de lágrimas.)

ISMAEL — Acredito.

VIRGÍNIA *(erguendo o rosto)* — Então, perdoas meu filho?

ISMAEL — Não.

VIRGÍNIA — E se eu te desse uma prova? Se mostrasse — provasse que este homem não é nada para mim? *(muda de tom, lenta)* Eu menti quando disse que ele fugira. Está lá embaixo, no quarto, à minha espera... Pertinho daqui...

ISMAEL *(numa alegria selvagem)* — Lá embaixo; ainda está aí? Não fugiu?

(Rápido, apanha um revólver. Virgínia acompanha, fascinada, todos os seus movimentos.)

VIRGÍNIA *(indo ao seu encontro)* — Ele é quem deve pagar, e não meu filho. Ele, sim, que me possuiu...

ISMAEL — Não sofrerás, se ele morrer?

VIRGÍNIA — Eu, não! Pois se até quero, se fui eu que disse que ele ainda estava aí!...

(Ismael dá alguns passos, mas detém-se.)

ISMAEL (*iluminado*) — E se você fosse chamá-lo, lá embaixo, você mesma? Ele viria feliz. Você diz — deixa eu ver — diz que não cheguei, que vou passar a noite fora... Ele é puro, tem o coração meigo, não desconfiará. Subirá contigo. E aqui, eu quero ver, com os meus próprios olhos, que homem é esse, que ama como um anjo; cujo desejo não é triste, nem vil... Vai, não vai?

(*Pausa.*)

VIRGÍNIA (*com esforço*) — Vou, Ismael.

ISMAEL — Então, vá. Depressa. Eu espero aqui.

(*Virgínia abandona o quarto. Para, no alto da escada. Sua atitude exprime o sofrimento mais profundo. Desce, lentamente, como se lutasse consigo mesma. Ao mesmo tempo aparecem, no jardim, a tia e as filhas.*)

TIA — Será que ele mata?

PRIMA — Claro!

PRIMA DOENTE — Daqui não saio enquanto não se decidir o caso.

TIA — Aqui não podemos ficar. Se chegar alguém?

PRIMA — Mas, então, perto.

PRIMA DOENTE — Queria ouvir um tiro, um grito...

PRIMA — Tomara.

TIA — Vamos ficar perto da fonte?

PRIMA — Ótimo.

TIA — De lá se ouve.

(*Mal saem a tia e as primas, aparecem na porta da sala Elias e Virgínia. Ele com uma expressão de idílio, de sonho. Entram; ela sobe com um ar de cansaço, como se a escada fosse difícil como um calvário.*)

ELIAS — Viu como foi bom eu ficar? Sabia, tinha certeza de que você viria. Nem deitei, fiquei sentado, esperando. Mas ele vai passar a noite fora — a noite toda?

VIRGÍNIA — Mandou avisar.

ELIAS — Então posso ficar até amanhã? Posso, não posso?

VIRGÍNIA *(que dissimula mal a própria angústia)* — Cuidado com o degrau.

ELIAS — Não respondeu.

VIRGÍNIA *(num breve transporte)* — Pode, sim, a noite toda, até de manhã.

ELIAS — Estou achando você meio assim — triste!

VIRGÍNIA *(numa tristeza maior)* — Felicidade!

(Estão subindo de braço. Entram no quarto.)

ELIAS — Você deve ter o corpo muito claro!

VIRGÍNIA *(com angústia)* — Muito.

(Ismael está imóvel, no meio do quarto, assistindo, apenas.)

VIRGÍNIA *(sentando-se na beira da cama, com Elias)* — Senta comigo assim. *(com uma excitação que aumenta)* Só penso no nosso filho. *(olhando e acariciando o rosto de Elias)* Imagino como será, quando crescer... Vai ser como você, parecidíssimo. Terá a sua voz, a mesma boca, a sua maneira de beijar, a paixão inocente...

ELIAS — Ama o meu filho... como a mim mesmo!...

VIRGÍNIA *(agarrando-se a Elias)* — Como a ti mesmo! Tu podes morrer, não podes? *(olha para o marido)* É tão fácil morrer! Mas guarda em ti estas palavras: sinto que amarei teu filho, não com amor de mãe, mas de mulher. *(muda de tom, olhando, apavorada, para o marido que permanece impassível)* Não, Elias, não! Estou doida! Isso é um delírio, *(sempre olhando para o marido, em voz baixa)* um calmo delírio, que me faz dizer loucuras...

ELIAS *(também se agarra a Virgínia, que, agora, parece fria)* — Estou de novo com medo... Sinto a morte se aproximando... *(com mais energia)* Virgínia! prometeste que amarias o nosso filho como se fosse eu!

VIRGÍNIA *(violenta)* — Cala-te! Não fales! Cada palavra pode ser a morte!

ELIAS *(possuído pelo medo)* — Você esconde de mim o quê? Por tudo que é sagrado, não minta. Você está-me traindo, desejando a minha morte... Mas eu não quero morrer, agora que conheci você, que você é minha, e não desse negro... *(veemente)* Eu não quero que ele ponha as mãos em ti, o desejo em ti... E se fores dele, se ele te possuir, uma vez que seja — eu te amaldiçoo, por mim, pelo nosso filho... *(muda de tom, uma ternura desesperada)* Mas, não! perdoa... Eu não te amaldiçoaria nunca... Nem que te entregasses a ele e a outros homens... Para mim, não serias nunca uma prostituta. E mesmo que fosses, eu te amaria ainda, eu te amaria talvez mais...

VIRGÍNIA *(rápida)* — Elias, quero que você me responda uma coisa. Mas não minta, diga só a verdade.

ELIAS — Direi.

VIRGÍNIA — Eu sou a primeira mulher que você conhece?

ELIAS — Sim.

(Virgínia se desprende de Elias e recua para o fundo do quarto. Elias a persegue e, sem querer e sem saber, caminha na direção de Ismael. Este, com toda a calma, ergue o revólver e aponta, não para o ventre, nem para o coração do inimigo, mas na altura do rosto. Dispara. Elias cai, instantaneamente morto. Embaixo, ao ar livre, a tia e as primas reaparecem, excitadíssimas.)

TIA — Eu não disse?

PRIMA — Morreu.

PRIMA — Virgínia morreu.

TIA *(enfática)* — Graças a ti, meu Deus, que vingaste minha filha!

PRIMA — Foi o castigo!

PRIMA *(num lamento)* — Tenho medo.

PRIMA — Medo de quê?

PRIMA — Parece boba!

TIA *(com trágica doçura)* — Descansa, minha filha, descansa no teu leito de trevas — Virgínia morreu...

(Ismael continua imóvel, o revólver na mão. Virgínia, rente à parede, olha para o outro lado.)

FIM DO SEGUNDO ATO

TERCEIRO ATO

Primeiro quadro

(Mesmo ambiente dos atos anteriores: casa de Ismael. Passaram-se 16 anos e nunca mais fez sol. Não há dia para Ismael e sua família. Pesa sobre a casa uma noite incessante. Parece uma maldição. Em vez do filho homem, nascera uma filha, Ana Maria, que já completou 15 anos. Muito linda, parece viver num sereno deslumbramento. Virgínia está um pouco envelhecida, é ainda uma formosa mulher. Ismael mais taciturno do que antes, sempre no seu terno branco engomadíssimo e nos seus sapatos de verniz. Transfigura-se, porém, ao falar com Ana Maria. As senhoras pretas continuam em cena, comentando fatos, sentimentos e pessoas.)
(Abre-se o pano e surge Ana Maria — adolescente linda — tateando as coisas do seu quarto. É evidentemente cega. Ana Maria não tarda a desaparecer.)

SENHORA — Graças a Deus, Todo-poderoso...
SENHORA — Há 15 anos nasceu uma filha.
SENHORA — E branca.
SENHORA — Não um menino, mas uma menina.
SENHORA — De peito claro.
SENHORA — Nasceu nua, e por isso o pai disse logo: "É menina."
SENHORA — Porque nasceu nua.
SENHORA *(em conjunto)* — Virgem Maria... Maria Santíssima...
SENHORA — Há 16 anos que não faz sol nesta casa. Há 16 anos que é noite.
SENHORA — As estrelas fugiram.
SENHORA — A menina viveu, hoje é mulher.
SENHORA — Hoje é mulher.
SENHORA — Oh, Deus! Poupai Ana Maria do desejo dos homens, e da obscenidade dos

bêbados... Poupai Ana Maria dos homens solitários que, por isso, desejam mais!...

SENHORA — E não saiu mais enterro.

SENHORA — Sem flor.

SENHORA — Daqui não saiu...

(Perdem-se as vozes num murmúrio de prece. Diálogo de Ismael e Virgínia.)

VIRGÍNIA — Onde foi?

ISMAEL — Acho que na fonte.

VIRGÍNIA — E tão pertinho daqui.

ISMAEL — Ninguém apareceu para acudir.

VIRGÍNIA — Ela devia estar louca, para andar sozinha, de noite, num lugar tão deserto, que todo o mundo sabe que é perigoso...

ISMAEL *(com certo espanto)* — De repente, ela parou de gritar como quem morre...

VIRGÍNIA *(num arrepio)* — Quem sabe se não morreu?

ISMAEL *(com angústia)* — Não tive pena nenhuma...

VIRGÍNIA *(sem ouvi-lo)* — Ela gritava como eu gritei, ali *(indica a cama de solteira)* Eu me lembrei de mim, naquela noite. Você se lembra? Quando ouvi os gritos da mulher, imaginei logo o que era; parecia que eu estava assistindo. *(com espanto, lenta)* Ser possuída assim, meu Deus!

ISMAEL *(lento)* — Todos os gritos se parecem!

VIRGÍNIA — Por que você não acudiu, Ismael?

(Pausa.)

ISMAEL *(com rancor)* — Porque era uma estranha, uma desconhecida, *(lento)* como são todas as mulheres para mim. Todas, menos uma...

VIRGÍNIA — Quem?

ISMAEL — Você sabe.

VIRGÍNIA — Não.

ISMAEL — Ana Maria.

VIRGÍNIA *(com sofrimento)* — Só Ana Maria?

ISMAEL — Só.

VIRGÍNIA — Eu, não?

(Ismael não responde.)

VIRGÍNIA — Se fosse eu?

ISMAEL *(como se só então ouvisse a pergunta)* — Se fosse você?

VIRGÍNIA — Se fosse eu, e não uma desconhecida, se fosse eu e não uma mulher que você não viu nunca? Hem? Você deixaria? deixaria que eu gritasse, continuasse a gritar?

ISMAEL *(depois de uma pausa)* — Não sei...

VIRGÍNIA *(com veemência)* — Sabe, sim, sabe! *(muda de tom, suplicante)* Responda, Ismael. Preciso saber.

ISMAEL — Se fosse você, eu deixaria. Você foi ou não foi de outro homem?

VIRGÍNIA *(num crescendo)* — Quer dizer que se eu estivesse num lugar deserto, de noite; e se um homem...

ISMAEL *(baixando a voz, mas apaixonadamente)* — Se você já foi de um homem, pode ser de outros, de muitos, *(em fúria)* de todos! Eu deixaria você gritando, e não faria nada; ficaria ao lado de minha filha, ouvindo; eu e ela ouvindo. Até que seus gritos cessassem, e não se ouvisse mais nada.

VIRGÍNIA — Sua filha é tudo para você, e eu, nada?

ISMAEL — Nada.

VIRGÍNIA *(violenta)* — E por que "sua" filha? Você sabe que não é o pai, que o pai é outro. Eu, sim, posso dizer — "minha filha" — você, não.

ISMAEL — Não sou o pai, mas ela pensa que sim. *(numa embriaguez)* Tem adoração, fanatismo por mim!

VIRGÍNIA — Ana Maria precisa saber muitas coisas, inclusive que você é um estranho, um desconhecido; e que matou o pai dela...

ISMAEL — E quem dirá?

VIRGÍNIA — Eu.

ISMAEL *(saturado)* — Pode dizer. Diga. Por que não diz?

VIRGÍNIA — Eu direi também que quando ela nasceu, e você viu que era menina... *(muda de tom, como quem relembra uma coisa por demais hedionda)* Você se lembra, Ismael, lembra-se do que fez?

ISMAEL — Não.

VIRGÍNIA — Eu sei que você não esqueceu, nem esquecerá! *(rosto a rosto com Ismael)* Quando Ana Maria nasceu, o que é que você fez? Se debruçava sobre a caminha. Durante meses e meses vocês dois e mais ninguém no quarto; você olhando para ela e ela olhando para você. Assim horas e horas. Você queria que ela fixasse a sua cor e a cor de seu terno: queria que a menina guardasse bem *(riso soluçante)* o preto de branco. *(erguendo a voz)* Você não falava, Ismael, para que ela mais tarde não identificasse sua voz. Um dia, você a levou. Ana Maria tinha um ano, dois anos, seis meses, não sei, não sei... Você a levou e eu pensei que fosse para afogá-la no poço; e até para enterrá-la viva no jardim. *(com espanto maior)* Só não pensei que você fosse fazer o que fez — uma criança, uma inocente — e você pingou ácido nos olhos dela — ácido! *(quase histérica)* Você fez isso, fez, Ismael? Ou eu é que sou doida, que fiquei doida, e tenho falsas lembranças? *(suplicante)* Fez isso, fez, com a minha filha, a filha de Elias?

ISMAEL — Fiz.

VIRGÍNIA *(espantada, num sopro de voz)* — Fez!

ISMAEL *(com um humor sinistro)* — O pai não era cego ?

VIRGÍNIA *(sem compreender)* — Era.

ISMAEL *(veemente)* — E por que não o seria a filha, também, por quê? *(muda de tom, mais sereno)* Eu esperava que você tivesse um filho, um filho homem... Nem eu, nem você tínhamos pensado na hipótese tão simples de uma menina.

VIRGÍNIA *(caindo em abstração)* — Eu esperava um filho. Esperava um menino.

ISMAEL — Durante os nove meses, eu sentia nos teus olhos, na tua boca — o desejo, a esperança, a certeza de que seria um filho, e não uma filha. E queres saber o que pensavas nesse tempo?

VIRGÍNIA *(possuída de desespero)* — Eu mesma te direi o que pensava. Eu pensava que quando ele crescesse...

ISMAEL *(possesso, também, cortando a palavra da mulher)* — Tu o amarias, não como mãe, mas como mulher, como fêmea!...

VIRGÍNIA (*no mesmo tom*) — Sim; como mulher, ou como fêmea! (*muda de tom, lenta*) — Quando Elias me disse — "Ama meu filho como a mim mesmo" — compreendi tudo. Compreendi que o filho branco viria para me vingar. (*com a voz grave*) De ti, me vingar de ti e de todos os negros! (*numa euforia*) Depois de crescido, ele pousaria a cabeça no meu travesseiro, perfumando a fronha... (*violenta*) Seria homem e branco!...

ISMAEL — E cego!

VIRGÍNIA (*num desafio*) — E cego, por que não? Seria melhor cego, até melhor, Ismael. Se ele não enxergasse, seria mais meu, eu o tomaria para mim, só para mim; não deixaria que ninguém — nenhuma mulher — surgisse entre nós. Eu e ele criaríamos um mundo tão pequeno, tão fechado, tão nosso, como uma sala... Como uma sala, não! Como um quarto... (*eufórica*) Nada mais que este espaço, nada mais que este horizonte — o quarto.

ISMAEL (*numa alegria selvagem*) — Só isso, não! Eu vou-te dizer o que farias mais. Mentirias, não é?

VIRGÍNIA (*apaixonada*) — Mentiria, sempre, sempre!

ISMAEL — Para um cego, que a gente cria, desde que nasceu, que a gente esconde, guarda — não é? —, é melhor mentir. É preciso até mexer nos Dez Mandamentos.

VIRGÍNIA (*caindo em si, acovardada*) — Por que os Dez Mandamentos? Os Dez Mandamentos, não. Eu tenho medo de Deus, Deus castigaria!

ISMAEL — Espera! *(muda de tom, caricioso e ignóbil)* Você diria a seu filho — diria, sim! — que um dos Dez Mandamentos manda amar a nossa mãe acima de todas as coisas — como se ela fosse a Virgem! E dirias ao filho cego que tu mesma, com tuas mãos, e ninguém mais, tinhas criado a água, o fogo e os peixes. Dirias, não dirias? Dirias que todas as mulheres — não você, mas todas as outras — estavam apodrecendo como frutos malditos — enquanto você era a única, entre todas — a única bonita, linda, *(ri, sordidamente)* a única que não tinha moléstia de pele... Dirias tudo isso, guardarias teu filho com essas e outras mentiras; e te fecharias com ele. *(feroz)* Ou não? *(rindo)* Quem sabe se não fiz isso com tua filha?

VIRGÍNIA *(sem ouvir a última frase)* — Eu convenceria meu filho, sim — desde pequeninho —, que as outras mulheres eram perdidas; diria que, em vez de olhos, elas tinham buracos vazios. *(num riso soluçante)* Ele acreditaria em mim, acreditaria em tudo que eu dissesse!... Eu podia me entregar a todos os homens, todos *(está no auge do riso histérico)* e meu filho continuaria pensando que as outras é que eram as perdidas, e eu não!...

ISMAEL *(por sua vez, exultante)* — Mas em vez de um menino, que seria mais tarde — que seria hoje — um homem, e branco — nasceu Ana Maria!...

VIRGÍNIA *(caindo em si, espantada)* — Nasceu Ana Maria!

ISMAEL *(num grande riso, apontando para a mulher)* — Quando viste que era menina — teus olhos escureceram de ódio. *(cortando o próprio riso)* Tu odiaste tua filha, Virgínia. Confessa!

VIRGÍNIA *(com sofrimento)* — Naquele momento, sim. *(com vergonha do próprio sentimento)* Naquele momento eu odiei.

ISMAEL *(enchendo o palco com a sua voz grave e musical de negro)* — Mas eu, não. Quando vi que era uma filha, e não um filho, eu disse: "Oh, graças, meu Deus! Graças!" Queimei os olhos de Ana Maria, mas sem maldade — nenhuma! Você pensa que fui cruel, porém Deus, que é Deus, sabe que não. Sabe que fiz isso para que ela não soubesse nunca que eu sou negro. *(num riso soluçante)* E sabes o que eu disse a ela? desde menina? que os outros homens — todos os outros — é que são negros, e que eu — compreendes? — eu sou branco, o único branco, *(violento)* eu e mais ninguém. *(baixa a voz)* Compreendes esse milagre? É milagre, não é? Eu branco e os outros, não! Ela é quase cega de nascença, mas odeia os negros como se tivesse noção de cor...

VIRGÍNIA — Ismael, ela é minha filha.

ISMAEL — Sei.

VIRGÍNIA — E não tua.

ISMAEL — Mas se tivesse nascido um filho, tu tomarias conta dele — seria teu, só teu, não?

VIRGÍNIA — Mas seria meu filho. E Ana Maria não é tua filha.

ISMAEL *(obstinado)* — Nasceu uma menina. Tomo-a para mim. É minha!

VIRGÍNIA — Eu não quero, eu não deixo. Ela saberá que és preto; que lhe mataste o pai; e que puseste ácido nos olhos dela... E que ali, quando eu nem era moça, mas uma menina, tu fizeste aquilo. Ela saberá que eu gritei como a mulher de hoje!

ISMAEL — Vai falar com Ana Maria.

VIRGÍNIA — Mas não contigo.

ISMAEL — Comigo.

VIRGÍNIA — E por que contigo? Até hoje eu não fiquei com minha filha, sozinha, uma única vez. Sempre na sua presença, você olhando, escutando. *(acusadora)* Você roubou o carinho da minha filha, você não deixou que esta menina gostasse de mim — eu sei que ela me odeia, ou tem medo de mim... *(muda de tom, com medo no coração)* Você lhe contou que eu matei seus filhos?

ISMAEL — Talvez.

VIRGÍNIA *(desesperada)* — Contou, sim. Leio nos seus olhos que você contou. *(dolorosa)* E nem ao menos explicou que eu só fiz isso porque eram pretos, que era preciso destruir um por um... *(mística)* Não deixar viva uma criança preta... *(muda de tom, suplicante)* Você disse isso, explicou que eram de cor?

ISMAEL — Não sei.

VIRGÍNIA — Escuta, vem comigo. Mas ao menos não fala, para que ela não perceba a tua presença. Não quero que ela saiba que estás perto, que és uma testemunha de nossas palavras. Sim?

ISMAEL — Se você me prometer uma coisa.

VIRGÍNIA — Prometo.

ISMAEL — Você pode dizer tudo de mim. Menos que eu sou preto. Ela não acreditaria, mas eu não quero...

VIRGÍNIA — Está bem — isso não direi.

ISMAEL — Espera, mudei de ideia. Também podes dizer que eu sou preto. É melhor que digas...

(Neste momento ouve-se rumor fora de casa. Aparecem quatro negros, que são obrigatoriamente os do primeiro ato. Nus da cintura para cima, calças arregaçadas sobre o joelho, chapéu de palha, charuto na boca. Trazem num lençol, carregando, pelas quatro pontas, um cadáver. Um dos negros dá um grito — grito este melodioso como um canto — chamando Ismael.)

PRETO — Dou-tor Is-ma-el! Dou-tor Is-ma-el!

(Ismael desce com uma lanterna, pois a noite continua pesando sobre sua casa. A lanterna dá ao próprio Ismael um relevo espectral. Luz sobre o branco do lençol. Os negros falam com um acento de nortistas brasileiros, mas os gritos lembram certos pretos do Mississippi[3] que aparecem no cinema.)

PRETO — Será que estão de pé?

PRETO — Ou dormindo?

PRETO — Dá outro berro.

PRETO — Estou ouvindo gente andando.

(Aparece Ismael com a lanterna.)

PRETO — Boas, doutor Ismael.

3. Certos pretos do Mississippi que aparecem no cinema: esta observação na rubrica, como a posterior ao caixão transparente de Branca de Neve, mostra a importância que Nelson Rodrigues dava ao cinema. Os "gritos" a que ele se refere são modulados, de cantos de trabalho ou de cerimônias religiosas.

ISMAEL — Boa. Que é isso?

PRETO — Defunta.

ISMAEL *(aproximando a lanterna e gritando)* — Quem?

PRETO — O doutor não ouviu uns gritos?

PRETO — De mulher?

PRETO — Uma mulher gritando?

ISMAEL — Ouvi.

PRETO — Pois é esta.

ISMAEL *(apavorado)* — Morta?

PRETO — Mortíssima.

ISMAEL *(repetindo, no seu medo)* — Morta!

PRETO *(sem ouvi-lo)* — O desgraçado é que não se sabe quem foi.

PRETO — Acho que sei.

PRETO — Quem?

PRETO — Aquele de seis dedos?

PRETO — Me palpita que sim.

PRETO — Você acha quê?

PRETO — Uma coisa me diz que é o cujo. *(para Ismael)* Um crioulo, doutor, um que tem numa mão — ou nas duas — seis dedos e não encara com a gente. Olha de baixo pra cima.

ISMAEL *(como se tivesse medo da pergunta)* — É moça?

(Aponta para o lençol.)

PRETO *(como se não ouvisse)* — E ainda se fosse uma dona que valesse a pena...

PRETO — Mas uma infeliz, doutor.

PRETO — Já entrada. Seus quarenta — não?

PRETO — Homem — dou uns quarenta e quebrados.

ISMAEL *(numa tensão que os pretos não compreenderiam nunca, e enchendo o palco com a sua voz de barítono)* — Quarenta? e uns quebrados? *(numa alegria feroz)* E pensando que fosse moça, mocinha, menina, inocente, de 15 anos — e cega!... Cega!...

PRETO — Ah, se fosse nova, sim.

PRETO — Tinha sua explicação.

PRETO — Tinha.

PRETO — Mas essa coitada, que eu nem pagando...

PRETO — E o sem-vergonha, depois de fazer o que fez, ainda matou a desgraçada. Uma falta de caridade.

PRETO — Estou contigo.

ISMAEL *(com inesperada agressividade)* — E vocês querem aqui o quê?

PRETO *(sem jeito)* — Quem sabe se o doutor concedia que a gente ficasse por aí, pousando, até vir o carro.

ISMAEL — Aqui não tem lugar. Onde?

PRETO — A gente fazia a volta pelos fundos, ia até o estábulo. Lá pousava a defunta num canto.

PRETO — Até vir o carro.

ISMAEL — Podem ir, mas depressa. E barulho nenhum!

(Neste momento aparece a tia. Vem-se arrastando.)

TIA — Ismael.

ISMAEL *(erguendo a lanterna)* — Quem é?

TIA — Eu.

ISMAEL — Depois de tanto tempo, voltaste.

(A lanterna ilumina o rosto da tia.)

TIA — Reconheceste a morta?

ISMAEL — Não.

TIA *(com amargura)* — Nem quiseste espiar... *(baixando a voz)* Era a minha filha, a última que ficou, porque as outras — uma por uma — morreram *(com espanto)*. Todas virgens, menos esta. Esta, não, *(com orgulho)* graças a mim. A mim, Ismael. *(excitada)* Eu sabia que o homem dormia perto da fonte... Todas as noites mandava minha filha passear por lá... Até que hoje... Ouviste os gritos? *(com espanto, mas sem ressentimento)* Só acho que ele não precisava matar, não é, Ismael? para quê? *(mudando de tom)* Com certeza ficou com medo dos gritos. *(quase justificando e não sem uma certa doçura)* Foi por isso que matou — para que não gritasse mais...

ISMAEL — Basta!...

TIA — Vou atrás de minha filha — os homens foram por ali, parece. Mas antes, Ismael, quero que tua mulher ouça a minha voz *(avança para o lugar em que Virgínia se esconde; e, então, grita como uma possessa)* Tua filha morrerá, Virgínia! *(com doçura, sem transição)* Mas não tenhas medo — a morte assenta bem na tua filha. Meninos e mocinhas deviam morrer sempre, todas as manhãs...

ISMAEL *(num grito)* — Ana Maria, não! não quero que morra!

TIA *(ainda doce, sem notar a interrupção)* — De cada vez que morressem, elas ficariam mais bonitas — os cílios grandes... *(de novo, frenética)* Tua filha morrerá — E VIRGEM!

ISMAEL *(recuando, apavorado)* — Não! Não!

(Ismael entra. Coloca-se ao lado de Virgínia. A tia avança. Fala como se os visse.)

TIA *(num crescendo)* — E tu, Virgínia, maldita sejas! Quero que só tenhas para teu amor um leito de chamas e de gritos; que teu desejo seja uma febre; e que a febre ilumine os teus cabelos e os devore; e que, ao morrer, ninguém junte, ninguém amarre teus pés de defunta! *(pausa, voz cheia, grave)* Maldita, assim na terra como no céu.

(Desaparece a dia, na direção em que foram os quatro negros. Ela caminha num passo lento e incerto.)

ISMAEL — Ouviste?

VIRGÍNIA — Tudo... E tens medo?

ISMAEL *(espantado)* — Medo de quem?

VIRGÍNIA — Dela.

ISMAEL — Ana Maria?

VIRGÍNIA — Sim. De minha filha.

ISMAEL *(veemente)* — Tua, não. Minha. Só minha.

VIRGÍNIA *(como se estivesse com medo também)* — A Tia disse que ela ia morrer virgem. *(muda de tom)* Mas não se pode guardar uma mulher...

ISMAEL — Queres ainda falar com tua filha?

VIRGÍNIA — Sabes que sim.

ISMAEL — Sozinha?

VIRGÍNIA — Sozinha.

ISMAEL *(novamente excitado)* — Então vai. Eu não irei contigo. Fala, e não meia hora, mas três noites. Três noites, que é preciso, para arranjar um lugar. *(mais excitado)*

Um lugar onde nenhum desejo possa alcançar minha filha! *(muda de tom)* Quer dizer, "tua" filha e filha desse Elias *(baixa a voz)* que eu matei e que eu mesmo enterrei no jardim de minha casa... *(possesso)* Diz à tua filha tudo o que quiseres; sobretudo que sou preto...

VIRGÍNIA *(também em fúria)* — Direi!...

ISMAEL — ...que sou o único preto do mundo; diz que todos os homens, menos eu, são brancos, inclusive o pai dela. *(voz mudada, enrouquecida)* E, depois, podes partir — eu mando que saias desta casa, não te quero mais —, te expulso!

FIM DO PRIMEIRO QUADRO

Segundo quadro

(Quando abre o pano para o segundo quadro, Ana Maria e Virgínia aparecem numa apaixonada discussão. Embaixo, no primeiro plano, um estranho túmulo, transparente, feito de vidro, numa bem sensível analogia com o caixão de Branca de Neve. Ismael está junto ao tanque, numa atitude de oração.)

VIRGÍNIA *(em tom de conclusão)* — Foi o que aconteceu, desde que ele entrou na minha vida...

ANA MARIA — E não é meu pai?

VIRGÍNIA — Juro!

ANA MARIA — E pensa que eu acredito?

VIRGÍNIA *(num transporte)* — Se tivesses conhecido teu pai. E como era belo — nunca vi lábios tão meigos! *(enamorada)* Ele poderia possuir a mim, ou qualquer mulher, e não haveria pecado — nenhum, nenhum! O corpo ficaria mais puro do que antes...

ANA MARIA *(com certa doçura)* — Há três noites que mentes...

VIRGÍNIA *(espantada)* — Três noites, já?

ANA MARIA — Mas a culpa não é tua — porque és doida — eu sinto loucura nas tuas palavras...

VIRGÍNIA — Foi ele que te disse isso? foi, não foi? que eu sou doida?

ANA MARIA *(veemente)* — Não. Não foi ele!

VIRGÍNIA *(doce, persuasiva)* — Confesse. Foi?

ANA MARIA — Pois foi. Disse. Mas antes, muito antes de que meu pai falasse...

VIRGÍNIA *(rápida)* — Ele não é teu pai. Teu pai está debaixo da terra.

ANA MARIA — Não acredito neste pai que morreu; e mesmo que acredite, não aceito. Pai é o que a gente quer, o que a gente escolhe, como um noivo...

VIRGÍNIA *(desesperada)* — Não, Ana Maria, não!

ANA MARIA — Não importa que tu, um dia, tenhas chamado um cego... Tenhas feito esse cego subir a escada e, depois, entrar no teu quarto... Eu escolhi outro pai... Ele é o Noivo... claro, alvo... Eu sinto quando ele vem, quando ele está... Sinto a presença dele como um coração batendo dentro de casa...

VIRGÍNIA — E nem ao menos tens pena do teu verdadeiro pai! Se visses como ele morreu! No meu quarto, Ana Maria, com um tiro, não no peito, não aqui *(aperta o próprio ventre)*, mas no rosto... *(com espanto)* No rosto!

ANA MARIA — E queres que eu chore teu amante? Por que hei de chorar teu amante?

VIRGÍNIA — Teu pai, minha filha. E outra coisa que eu não te disse.

ANA MARIA — Outra mentira — já sei!

VIRGÍNIA — Ismael é preto.

ANA MARIA — Preto, meu pai? *(feroz)* Ele, não. Os outros, sim. É por isso que ele me esconde aqui, que me guarda, não deixa ninguém falar comigo, a não ser você. Porque todos são pretos, *(repete, espantada)* todos! Até no livro que meu pai leu para mim...

VIRGÍNIA — Também no livro?

ANA MARIA — Os personagens são pretos.

VIRGÍNIA — E eu?

ANA MARIA — Você?

VIRGÍNIA *(feroz)* — Também sou preta?

ANA MARIA — Não sei como és, como são teus cabelos, teu rosto, tuas mãos... Ele não me disse, nem eu quero imaginar...

VIRGÍNIA — Ana Maria, é preciso que me ouças, que acredites em mim...

ANA MARIA *(fanática)* — Não!

VIRGÍNIA *(com medo)* — Terminaram as três noites. Daqui a pouco será tarde. *(apaixonada)* Sou tua mãe. Queiras ou não queiras, sou tua mãe — nasceste de mim; toda mãe ama os filhos...

ANA MARIA — Você não!

VIRGÍNIA — Eu, sim. Vês como eu passo minhas mãos pelos teus cabelos?...

(Faz o gesto respectivo.)

VIRGÍNIA — ...como aperto tua cabeça, para que ouças meu coração...

(Ana Maria desprende-se com violência.)

ANA MARIA — Há três noites me atormentas!

VIRGÍNIA — É impossível que não sintas o carinho de minhas mãos. Este homem te perde, como me perdeu a mim, ele fará a tua desgraça — juro — Deus sabe que não minto!

ANA MARIA — Você não gostou nunca de mim. Quando você aparece, eu sinto que o ar já não é o mesmo, é outro; sinto o frio do seu coração. Não foi preciso que meu pai me dissesse — eu soube, por mim, desde criança, que você é minha inimiga. Você me odeia; e não é de hoje — desde que eu nasci!

VIRGÍNIA — Não!

ANA MARIA — Quando eu nasci, esperavas ou não um menino?

VIRGÍNIA *(com apaixonada serenidade)* — Ana Maria, tu és tudo para mim, tudo. Na minha vida não existe nada, só tu existes. Sabes por que, desde que nasceste, eu não te acariciei nunca, não te sorri, não te disse uma palavra de amor?

ANA MARIA — Porque não me suportas?

VIRGÍNIA — Porque ele não deixou. Nunca — ouviste? Eu não podia segurar o teu rosto, não podia cheirar teus cabelos, nem te beijar, nem te sorrir. Eu não podia estar contigo sem ele. Nenhuma intimidade houve entre nós, nenhum abandono, nenhuma confidência. Ele não deixava, dizia: — "Não, não!" E nesta casa eu sempre obedeci!

ANA MARIA — Menos quando tiveste um amante...

(Virgínia cala-se.)

ANA MARIA — Emudeceste?

VIRGÍNIA *(baixando a cabeça)* — Menos quando tive um amante.

ANA MARIA — Ah!

VIRGÍNIA — Estás vendo como é uma mãe? Você me diz tantas coisas duras, me insulta, me nega o seu amor. E eu não me ofendo: sofro, mas não desejo a sua infelicidade. *(veemente)* Estou aqui para te salvar. Ele mente...

ANA MARIA *(fanática)* — Não importa!

VIRGÍNIA — ...mente quando diz que todos os homens são pretos. Que são maus. Que não prestam. Se soubesse como há homens lindos, e claros, *(transportada)* homens cujas carícias fazem gritar!... Ele mente ainda quando diz que isso aqui, esse teu quarto, essas paredes — que isso é o mundo e tudo o mais está podre. *(agarrando-se à filha)* Ana Maria, tem tantas coisas fora do teu, do meu quarto, tanta coisa para além dos muros!

ANA MARIA *(dolorosa)* — Só o meu quarto existe!

VIRGÍNIA — Mentira! O mar — sabes o que é mar? ou ele nunca te falou do mar? e nos barcos? Mas isso ainda não é tudo. O que importa são os homens... *(transfigurada)* Como são belos; e mais doces do que mulher... Olha! enfiar os dedos assim pelos cabelos de um homem...

ANA MARIA — Como fizeste com teu amante!

VIRGÍNIA *(sem ouvi-la)* — Apertar nas mãos um rosto de homem — sentir entre as mãos um rosto vivo!

ANA MARIA — Quem sabe se eu não fiz isso com meu pai?

VIRGÍNIA *(sem ouvi-la)* — Tu precisas conhecer os homens, Ana Maria, precisas amá-los; e depois, então, escolherias um — para sempre... *(adoçando a voz)* Nós poderíamos ir — nós duas — a um lugar que eu conheço. Foi uma empregada minha que me falou. Ela teve uma filha que foi para lá; e a filha escrevia contando maravilhas, tanto que não voltou nunca mais. Para esse lugar vinham homens de todas as partes, até da Noruega! *(encantada)* Marinheiros, de cabelos louros, anelados...

ANA MARIA — Muito preto?

VIRGÍNIA — Preto nenhum. Ou um ou outro. Às vezes é o homem, outras, a mulher, quem escolhe o companheiro *(persuasiva, sedutora)* E lá não é como aqui — e em outros lugares — em que a mulher — ouviste? — só tem um, só pode ter um...

ANA MARIA — Muitos?

VIRGÍNIA — Muitos! *(arrebatada)* Vamos para esse lugar, Ana Maria. Nós fugiríamos — nós duas — eu te guio e ficarei junto de ti, sempre, chamarei homens claros de cabelos quase brancos, de tão louros, olhos azuis... Explicarei que és cega, mas eles não farão questão... Depois, se quiseres, poderás voltar, mas duvido... A filha da minha empregada não voltou, tu também não voltarias...

ANA MARIA — E tu?

VIRGÍNIA — Eu também. Vamos, agora que teu pai está ocupado, lá embaixo, fazendo — há três noites — não sei o quê, e não aparece. Depois será tarde.

ANA MARIA — Não.

VIRGÍNIA *(contendo-se)* — Então, não queres? Desconfias de mim? *(agressiva)* Eu quero-te levar daqui, desse quarto que é apertado como um túmulo... Ficar aqui é a morte. Tu estás morta.

ANA MARIA — Eu amo meu pai...

VIRGÍNIA — Mas não é desse amor que eu falo!

ANA MARIA *(subitamente feroz)* — É desse amor, sim!

VIRGÍNIA *(espantada, num sopro de voz)* — Não!

ANA MARIA *(apaixonada)* — Amor igual ao desse lugar cheio de marinheiros... Ele já me amou assim — como um marinheiro, não preto, mas alvo... *(baixando a voz, enamorada)* Um marinheiro de braço tatuado, como um do livro... o único branco do livro... Tatuado, não sei se no braço, no peito, não sei...

(desafiando) Passa a mão por mim, pelo meu rosto, e sentirás que eu já fui amada...

VIRGÍNIA *(espantada)* — Quando?

ANA MARIA — E te importa saber quando?

VIRGÍNIA *(agarrando a filha, enrouquecida)* — Você não podia fazer isso. Ele é meu, não teu...

ANA MARIA *(exultante)* — Deixou de ser teu... Há muito tempo, ouviste?... Queres que te diga desde quando? Desde aquele dia em que te deste a um homem que não era ele... Há 16 anos... Tu morreste para ele — como mulher — morreste!

VIRGÍNIA *(espantada)* — Eu devia ter sentido que não eras mais pura, que tinhas deixado de ser pura... Foi inútil a maldição de minha tia... És, não uma menina, mas mulher como eu...

ANA MARIA — Sou. Mulher.

VIRGÍNIA *(mudando de tom, veemente)* — Mas quero que saibas que menti, quando disse que te amava... Quando disse que eras tudo para mim...

ANA MARIA — Eu sabia!

VIRGÍNIA — Você foi sempre minha inimiga.

ANA MARIA — Sempre.

VIRGÍNIA *(para si mesma)* — Oh, quando ele me disse que era menina e não menino! Eu vi que não teria nunca — nesta casa — o amor de dois homens! Há 16 anos que não faço outra coisa senão ter ódio de ti. Ainda agora, quando falava num lugar cheio de marinheiros — sabes qual o meu sonho?

ANA MARIA — Imagino.

VIRGÍNIA — Era a tua perdição. Eu te levaria e te deixaria lá, entre aqueles homens — e cega. E depois diria a Ismael: "Ela fugiu com um homem." E mentiria: "Um homem de seis dedos, igual ao que atacou aquela mulher." Era isso que eu desejava — e não tua felicidade.

ANA MARIA — Sei.

VIRGÍNIA — Te digo isso para que não penses nunca que eu desejei o teu bem.

ANA MARIA — Já acabaste?

VIRGÍNIA — Já.

ANA MARIA — Então, sai do meu quarto!

(Virgínia abandona o quarto e corre, desesperada, ao encontro de Ismael. As senhoras pretas, em semicírculo, no jardim, e de costas para a plateia, fazem seus comentários, como se exortassem as potências misteriosas do destino.)

SENHORA — Piedade para a moça branca!

SENHORA — Livrai-a dos desejos!

SENHORA — E dos soldados!

SENHORA — Livrai Ana Maria de todos os homens!

SENHORA — Para que ao morrer seja virgem!

SENHORA — Matai Ana Maria, antes que seja tarde!

SENHORA — Antes que o desejo desperte na sua carne!

SENHORA — E talvez não seja virgem...

SENHORA — Tenha deixado de ser virgem!

SENHORA — E, sobretudo, salvai Ana Maria do homem de seis dedos!

SENHORA — E que um dia se enterre o seu corpo não possuído.

TODAS *(em tom de amém)* — Não possuído...

(Surge Virgínia. Para, espantada, diante do mausoléu.)

ISMAEL — Acabaram as três noites. Já hoje não ficarás nesta casa. Não te quero mais, deixaste de ser minha mulher. Mas antes vem ver. Estás vendo?

VIRGÍNIA *(num sopro de voz)* — Minha filha também me expulsou.

ISMAEL *(com a voz incerta e profunda tensão)* — Sabes para quem é?

VIRGÍNIA — Quem?

ISMAEL — Para mim e Ana Maria...

VIRGÍNIA *(num sopro de voz)* — Mortos?

ISMAEL *(voz baixa e grave)* — Vivos...

VIRGÍNIA *(abanando a cabeça, presa de terror)* — Não, não.

ISMAEL — Ana Maria e não você...

VIRGÍNIA *(com rancor)* — Ela!

ISMAEL — Eu não te disse um dia que precisava descobrir um lugar onde me esconder contigo; um lugar em que ninguém entrasse, ninguém pudesse entrar; e onde o desejo desses brancos *(parece indicar brancos invisíveis)* não te alcançasse? Te disse e não foi uma só, muitas vezes.

VIRGÍNIA — Há muito tempo.

ISMAEL *(mais excitado, apontando para o mausoléu)* — É esse o lugar. *(passando a mão pelo ombro da esposa)* Esse. Mas quem vai entrar comigo aí, e para sempre — não é você.

VIRGÍNIA — É minha filha.

ISMAEL — Tua filha, não minha, mas tua. *(num espasmo de vontade)* Quero que só o meu desejo exista, e não o dos outros... *(numa euforia)* Tua filha e a filha do teu amante!

VIRGÍNIA — Não devia ser Ana Maria...

ISMAEL *(repetindo)* — Tua filha...

VIRGÍNIA *(num crescendo)* — Não, Ismael! Deixa

eu entrar contigo — eu e não ela! Eu é que sou tua mulher!

ISMAEL *(fora de si)* — Você, não. *(alucinado, indicando o quarto de Ana Maria, e numa alegria de débil mental)* Ela... Minha mulher, ela! *(muda de tom, violento)* Sempre me odiaste!

VIRGÍNIA — Mentira! Nunca te odiei!

ISMAEL — Sempre!

VIRGÍNIA — Eu te amei, mesmo quando fingia te odiar... E nunca te amei tanto, gostei tanto de ti como naquele dia... *(subitamente cariciosa, enamorada)* Você se lembra, Ismael?

ISMAEL *(com rancor)* — Não!

VIRGÍNIA *(num sereno deslumbramento)* — Do dia em que minha prima se enforcou?... Minha tia mandou você. E antes que você abrisse a porta, eu mesma apaguei a luz — eu — e esperei... Sabia o que ia acontecer, juro que sabia... Quando você entrou não havia luz, mas foi como se eu visse seu rosto, lesse o desejo no seu rosto... Imaginei que me matasse e quis a morte, não a morte tranquila, mas entre gritos... Morrer gritando como uma mulher nas dores do parto... Quando chegaste junto de mim, respirei teu suor... *(enamorada)* Tu preto e eu alva... Preto... *(acaricia o rosto de Ismael e, depois, as mãos)* Parecem mãos de pedra e são vivas...

ISMAEL — Sempre odiaste minha cor... Mataste meus filhos porque eram pretos...

VIRGÍNIA — Odiei tua cor... Matei teus filhos... Tive ódio e loucura por ti... *(fora de si)*

Ou foi agora, quando falei com minha filha... foi nessas três noites — que eu senti que te amava? Quando foi, meu Deus?

ISMAEL — Eu sei que mentes... *(violento)* Mentiste sempre!

VIRGÍNIA — Menti muito, menti outras vezes, mas desta vez não. Espia nos meus olhos. Bem nos meus olhos. Eu não sabia que te amava, mas minha carne pedia por ti. Mas agora sei! Tu me expulsaste, e eu não quero ser livre, não quero partir — nunca... Ficarei aqui, até morrer, Ismael...

ISMAEL — Vai!

VIRGÍNIA *(fora do tempo)* — Quando me tapaste a boca — na primeira noite — sabes de que é que me lembrei? Apesar de todo o meu terror? *(deslumbrada)* Me lembrei de quatro pretos, que eu vi, no Norte, quando tinha cinco anos — carregando piano, no meio da rua... Eles carregavam o piano e cantavam... Até hoje, ainda os vejo e ouço, como se estivessem na minha frente... Eu não sabia por que esta imagem surgira tão viva em mim! Mas agora sei. *(baixa a voz, na confidência absoluta)* Hoje creio que foi esse o meu primeiro desejo, o primeiro.

ISMAEL — É só esta imagem que te une a mim? só esta imagem?

VIRGÍNIA — Mas isto é tudo! É tanta coisa! Não sentes que esses carregadores já eram um aviso? *(baixa a voz, mística)* Aviso de Deus, anunciando que eu seria tua? *(num transporte)* Se soubesses que a única coisa que me ficou da infância é isso, são esses homens. Não vejo mais nada

— nenhum rosto, nenhuma toalha, nenhum jarro, nenhum bordado. Só eles! E esses quatro negros que enterraram meus filhos, também são eles os carregadores — que não me largam. *(muda de tom)* Não minha filha, mas eu, eu é que sou tua mulher, tua única mulher!

ISMAEL — Não sabes ainda? Ana Maria não te contou?

VIRGÍNIA — Contou, sim! *(colando-se mais a Ismael)* Mas ela é criança, é pura e inocente como o pai... E não te ama! Não viu nunca os carregadores de piano!

ISMAEL — Não? *(exultante)* Se ouvisse o que ela me disse — verdadeiras loucuras, como se eu fosse Deus...

VIRGÍNIA *(escarnecendo)* — E pensa que você é branco, louro! *(triunfante)* Se ela soubesse que és preto!... *(muda de tom)* Ela te ama porque acha que és o único branco... Ama um homem que não é você, que nunca existiu... Se ela visse você como eu vejo — se soubesse que o preto é você *(ri ferozmente)* e os outros não; se visse teus beiços, assim como são, ela te trocaria, até, por esse homem de seis dedos...

(Agarra-se mais ao marido, envolve-o.)

VIRGÍNIA — Agora, eu não!... Eu te quero preto, e se soubesses como te acho belo, assim como os carregadores de piano!... De pés descalços, cantando!

ISMAEL — És meiga como uma prostituta!

VIRGÍNIA — Sou, não sou?

ISMAEL *(apaixonado)* — E ela, não! *(com rancor)* Ela se dá como o pai possuía — com tanta pureza!... *(exalta-se)* Não seria como tu... Não teria o medo que sempre tiveste... Não gritaria... Ama sem sofrimento e sem pavor... E não sabe que eu sou preto, *(tem um riso soluçante)* não sabe que sou um "negro hediondo", como uma vez me chamaram... Só me ama porque eu menti — tudo o que eu disse a ela é mentira, tudo, nada é verdade! *(possesso)* Não é a mim que ela ama, mas a um branco maldito que nunca existiu!

VIRGÍNIA — Vem comigo, vem!

ISMAEL *(espantado)* — Mas e ela? Você não compreende que ela não deixa? Que estará sempre entre nós?

VIRGÍNIA — Eu sei como fazer — para que ela fique tranquila... *(resoluta)* Vai chamar minha filha. Traz minha filha. Diz que é um passeio. E quando ela chegar aqui, eu quero que tu a beijes como eu fiz com teu filho que morreu, no tanque...

(Ismael vai buscar Ana Maria. Virgínia, muito digna, muito serena, abre as portas do túmulo de vidro. Voltam Ismael e Ana Maria. Esta com um ar absolutamente idílico.)

ANA MARIA — É noite?

ISMAEL *(amoroso)* — Sempre noite.

ANA MARIA — Para onde me levas?

ISMAEL — Ainda não sei.

ANA MARIA — Pai, ela me falou dos outros homens...

ISMAEL — Tua mãe?

ANA MARIA — Disse que eram lindos; e que uns tinham cabelos quase brancos de tão louros. Mas não podem ser mais lindos do que tu... E não devem ser brancos... Só tu és branco, não é, pai? E mesmo que eles sejam lindos — que importa?... És o único homem que existe... *(com súbita paixão)* Por que um dia despedaçaste os vestidos de minha mãe, e os meus, nunca? *(novamente doce)* Sou tão mulher quanto ela, ou me achas menina? *(humilde)* Mas não faz mal, nem respondes... E não penses que eu sonhe com os outros homens, *(rancorosa)* Pai, não posso viver, sabendo que minha mãe também vive... *(baixa a voz)* De noite, ela não dorme, fica andando no quarto e pensando em ti... Eu sei que é em ti que ela pensa. *(com medo)* Deve andar desejando a minha morte. *(num apelo)* Pai, não deixe que essa mulher me faça mal *(muda de tom)* e perdoe se estou doida! perdoa!...

ISMAEL — Vai...

(Virgínia aponta a porta escancarada. Ismael beija Ana Maria. Esta — com o pressentimento da desgraça — é conduzida pelo falso pai e entra no mausoléu. Ismael não acompanha a filha. Virgínia fecha a metade da porta; Ismael está fechando a outra metade. Ana Maria tem o sentimento do perigo.)

ANA MARIA — Pai?

(Ana Maria está agora fechada. Grita, ou supõe-se que grita. É evidente que, de fora, não se ouve nada. Bate nos vidros, com os punhos cerrados. Virgínia atrai Ismael para longe.)

VIRGÍNIA — Ela gritará muito tempo, mas não ouviremos seus gritos. Vem. O nosso quarto também é apertado como um túmulo. Eu espero você.

(Virgínia segue, na frente. Logo depois, o coro negro acompanha. Virgínia entra no quarto e se estende na cama. Ismael — já atormentado pelo desejo que renasce — vai ao encontro da mulher. O coro negro coloca-se ao longo da cama, em duas fileiras cerradas, impedindo a visão da plateia. Ismael surge; deslumbrado, avança. A luz está caindo em resistência sobre esta cena.)

SENHORA — Ó branca Virgínia!
SENHORA *(rápido)* — Mãe de pouco amor!
SENHORA — Vossos quadris já descansam!
SENHORA — Em vosso ventre existe um novo filho!
SENHORA — Ainda não é carne, ainda não tem cor!
SENHORA — Futuro anjo negro que morrerá como os outros!
SENHORA — Que matareis com vossas mãos!
SENHORA — Ó Virgínia, Ismael!
SENHORA *(com voz de contralto)* — Vosso amor, vosso ódio não têm fim neste mundo!
TODAS *(grave e lento)* — Branca Virgínia...
TODAS *(grave e lento)* — Negro Ismael...

(Ilumina-se a cama de solteira, cujo aspecto ainda é o mesmo da noite em que Virgínia foi violada. Depois tudo escurece e só resta iluminado o túmulo de vidro. Vê-se a silhueta de Ana Maria, no frenético e inútil esforço de libertação. Por fim, cansada do próprio desespero, ela se deixa escorregar, em câmara lenta, ao longo do vidro. Fica de joelhos, os braços em cruz; parece petrificada nesta posição. É a última imagem da jovem cega.)

FIM DO TERCEIRO E ÚLTIMO ATO

ROTEIRO DE LEITURA

FLÁVIO AGUIAR*

* *Flávio Aguiar é professor de Literatura Brasileira da USP. Ganhou o Prêmio Jabuti em 1984, com sua tese de doutorado* A comédia brasileira no teatro de José de Alencar, *e em 2000, com o romance* Anita. *Atualmente coordena um programa de teatro para escolas da periferia de São Paulo, junto à Secretaria Municipal de Cultura.*

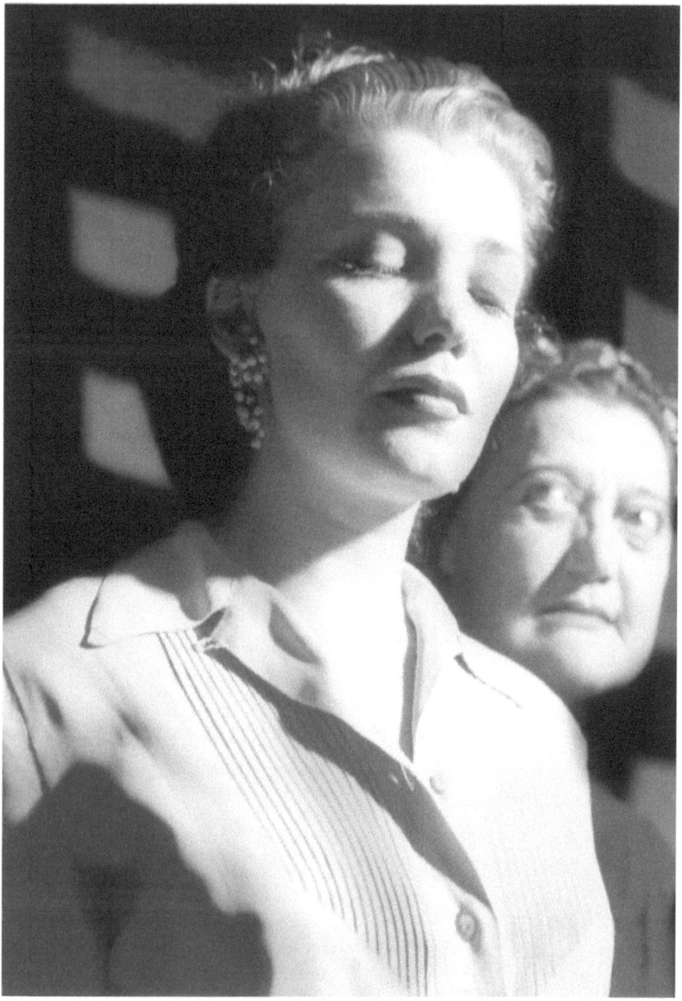

Maria Della Costa (VIRGÍNIA) *e Itália Fausta* (TIA) *em cena de* Anjo negro. *Teatro Fênix, Rio de Janeiro, 1948. (Acervo Cedoc / Funarte)*

APRESENTAÇÃO DA PEÇA

Anjo negro foi escrita em 1946. Enfrentou uma proibição por parte da censura, mas acabou indo à cena em 2 de abril de 1948. Como tantas outras peças do autor, foi recebida com aplausos e críticas amargas, que denunciavam sua "obscenidade" e seu "desrespeito à moral". A abordagem de temas então ainda considerados "proibidos" ou "difíceis", como o incesto, a mistura entre ódio e amor, a repulsa ao sexo que apenas disfarça sua atração obsessiva, explica a dificuldade da recepção. Mas sem dúvida o tema mais chocante, para a época e ainda hoje, é o do racismo na sociedade brasileira.

Logo na abertura do programa da peça lemos que "a ação se passa em qualquer tempo, em qualquer lugar". A rubrica é provocativa, apontando para a universalização de seus temas. Mas logo fica claro que estamos num espaço simbólico, sim, mas simbólico da sociedade brasileira. Vamos aprendendo através dos diálogos dos personagens que os negros presentes falam com sotaque "do Norte" e que as tias e as primas de Virgínia moravam "no interior", expressões bem típicas do Brasil. Por outro lado, o terno branco "de panamá" (é bom lembrar que a expressão "terno" designava à época a tríade formada por paletó, colete e calça da mesma cor) lembra o traje tão típico das regiões tropicais do Brasil em inícios do século XX.

Ismael, o protagonista, sofre por ser negro num país historicamente dominado pelo preconceito que afirma a inferioridade dos de sua raça e dos mestiços. É bom lembrar que hoje em dia sequer se reconhece status biológico para o conceito de raça. Ele é puramente cultural, ainda que possa haver diferenças notáveis entre os seres humanos quanto à cor da pele, ao formato do rosto etc. E a ciência estabeleceu que não há qualquer diferença neurológica ou de faculdades entre as "raças", e que toda a humanidade hoje existente tem uma origem comum africana.

Mas na época não se pensava assim. Até os anos 1930, inclusive, havia uma teoria explícita e uma política escancarada segundo as quais a solução para o Brasil era o "branqueamento" de seu povo, com a imigração europeia neutralizando progressivamente as heranças africana e indígena. (Os orientais também podiam ser admitidos, pois eram "laboriosos", e não "preguiçosos" ou "lascivos", como os das "raças inferiores".)

A tal ponto esse tipo de preconceito emoldura o mundo dos personagens que o próprio Ismael se deixa levar por ele. Suas atitudes emanam de um esforço desesperado para tornar-se um "negro de alma branca", expressão que se usava para designar aquele que, embora tendo africanos entre seus ancestrais, assimilava suficientemente o "bom comportamento", a "educação", as "boas maneiras", considerados apanágio dos brancos — os "ricos", os da "boa sociedade", evidentemente, distantes do pobrerio.

A mesma moldura preconceituosa está no fundo do comportamento de Virgínia. Ela mata seus filhos mestiços — com a complacência de Ismael — para não prolongar com seu próprio sangue a maldição da "raça inferior". Mas como costuma acontecer nas peças de Nelson Rodrigues, o estratagema encontrado para apaziguar as contradições adquire vida própria e esmaga quem o criou.

Virgínia vive a contradição de sentir-se perdidamente atraída pela virilidade de Ismael e de detestar a sua "raça". Ismael, por sua vez, vive o desejo de purificar-se pela posse do ventre da mulher branca sabendo o desprezo que isso significa em relação à sua condição, de negro em país dominado pelo preconceito dos brancos. O estratagema encontrado por ambos é o da autonegação: Virgínia nega-se a si mesma como mulher e mãe, assassinando os filhos; Ismael revive ritualmente seu impasse permitindo as sucessivas procriações e os assassinatos subsequentes.

Em tese, a chegada de Elias, o irmão de criação de Ismael, cego, invejado, desejado e odiado pelo par amaldiçoado, permitiria, com seu sacrifício, o rompimento do círculo vicioso. Elias, cujo nome bíblico é o de um pré-anunciador de Cristo, engravida Virgínia, enfrenta seu calvário e morre, deixando-lhes uma filha cuja beleza e nova condição devem redimir a todos. Apesar das barbaridades cometidas (Ismael cega a filha do irmão e mente-lhe sobre ele próprio e o mundo, além de fazê-la sua amante), este parece ser o rumo consequente: o casal redimirá a humanidade, vencendo a maldição das primas e da tia e a passividade das senhoras negras e dos coveiros.

Mas tal não acontece. Atraídos pela fúria desencadeada em si mesmos, ambos concordam em encerrar o novo rebento e o novo tempo na prisão de vidro, perpetuando a maldição que construíram. Neste ponto, Nelson Rodrigues elabora uma cruel paródia da cultura de seu tempo ao fazer sua tumba de maldição semelhante à do desenho animado *Branca de Neve e os sete anões*, de Walt Disney, onde o caixão transparente se revela um sinal de ressurreição.

Devemos considerar que Nelson trabalha sobre um complexo intrincado de redes mitológicas, cujo ecletismo é muito característico também da sociedade e da cultura brasileiras. A atitude de Virgínia lembra a de Medeia, a feiticeira que extermina a prole por sentir-se traída pelo esposo, Jasão. Sim, mas a de ambos, Ismael e Virgínia, lembra também o mito de Cronos, o Senhor do Tempo, que temendo ser destronado, devorava os próprios filhos originados por Gaia, a Mãe Terra. Aqui é Virgínia quem mata os filhos? Sim, e isto faz dela uma emissária de Cronos, que pode ser lido como o patriciado brasileiro, cioso de suas prerrogativas oligárquicas.

Elias lembra Jesus? Sim, mas seus traços algo efeminados evocam Tirésias, o cego adivinho grego, hermafrodita, que prevê e anuncia a tragédia de Édipo, que mata o pai e casa com a mãe. Este é o destino de Ismael, sempre procurando recriar-se e negando seu próprio nascimento. Ismael é também o nome do "patriarca" dos escravos, pois no Velho Testamento é filho de Abraão e Agar, a escrava que Sara dá de presente ao próprio marido. A filha de Elias e Virgínia é Ana Maria, que reúne em si o nome da Virgem (Maria) cristã e o de sua mãe, Ana, que, entre outras coisas, ensinou a mãe de Cristo a ler.

Isto não quer dizer que *Nelson Rodrigues* queira fazer em sua peça uma releitura de toda a tradição cultural do Ocidente, mas sim que está consciente de que leva seu público a considerar uma região do espírito onde se movem arquétipos ancestrais, agora completamente misturados pelas modernidades do mundo, como o desenho de Branca de Neve cuja alusão aparece no final.

Qual é o drama que se desenha nestas regiões obscuras do espírito, que parecem sempre desafiar a suposta clareza da modernidade? O que impede Ismael e Virgínia de se libertar do círculo vicioso? No diálogo que têm ao final do primeiro quadro do terceiro ato, eles confessam um ao outro que mentiriam para seus filhos até o fim se isso fizesse com que estes lhes permanecessem absolutamente fiéis no afeto, recusando-o a outros e outras.

Ou seja, o que no fundo move os dois perdidos dentro de si mesmos é a ambição de poder, inclusive de poder um sobre o outro. É o que compartilham ao sacrificar a filha de Elias à sua ambição de seguirem perpetuando o ritual maldito. Entre ambos desenha-se uma luta sem compaixão que é a da busca do poder entre homem e mulher.

Neste ponto podemos nos distanciar um tanto, considerando que toda a armação do cenário fantástico por parte de Ismael e Virgínia obedece também a prosaicos desejos. De um lado, temos o homem que encerra a mulher numa redoma monstruosa por temer que ela conheça o mundo e se entregue a outro, como já fez uma vez e repete com Elias. Por outro, temos o temor absurdo da mulher, que mantém o marido preso graças a um feitiço poderoso, o de lhe garantir uma prole que não o ameaça, pois não sobrevive. Mas aqui já estamos deixando o terreno vertiginoso da tragédia e embarcando na ligeira nau da comédia, prontos para rir, ainda que disfarçadamente, das loucuras grotescas de tais personagens, que são imagens de nós e da nossa sociabilidade algo canhestra, no fim das contas.

SUGESTÕES DE TRABALHO

1) A peça aborda o tema do racismo e tem o mérito de ser uma das primeiras no Brasil a pôr um negro no papel de protagonista. Isto pode ser um ponto de partida para uma pesquisa histórica sobre o contexto daquelas ideias no Brasil. Podem-se recomendar leituras como: a) "O homem", segunda parte de Os sertões, de Euclides da Cunha, onde se desenvolve um ponto de vista que parte de ideias positivistas; b) *A evolução do povo brasileiro* ou *Raça e assimilação*, de Francisco José de Oliveira Viana, onde se elabora um ponto de vista conservador; c) *Casa-grande & senzala*, de Gilberto Freyre, obra inovadora na época (1933) e hoje lida como conservadora; d) O povo brasileiro, de Darcy Ribeiro, mais contemporânea. Através da leitura de trechos dessas obras e de sua discussão pode-se ter uma ideia sobre a pertinência do debate sobre racismo no Brasil a variedade de considerações que ele implica.

2) Feita essa discussão, a classe poderia ler algumas peças de teatro que abordam, mesmo que lateralmente, este tema. Exemplos: *Os ciúmes de um pedestre ou o terrível capitão do mato*, de Martins Pena; *O demônio familiar*, de José de Alencar; *Pedro Mico*, de Antonio Callado; *O auto da Compadecida*, de Ariano Suassuna; *Calabar*, de Chico Buarque e Ruy Guerra.

3) O importante é que a classe obtenha termos de comparação suficientes para situar uma variedade de posições diante do tema, tanto de autores como de personagens, dando conta da sua complexidade e da impossibilidade de reduzi-lo a termos simples (ou simplórios) como "não existe" ou "existe e ponto final".

4) A classe poderá então elaborar um painel para ser exposto com frases dos personagens das peças, trechos dos livros lidos, apresentando uma variedade de posições sobre o tema. Poderá se valer de fotos, de fragmentos retirados de jornal, da televisão, da internet, que também abordem o tema. Esse painel deverá ficar exposto na classe, na escola etc.

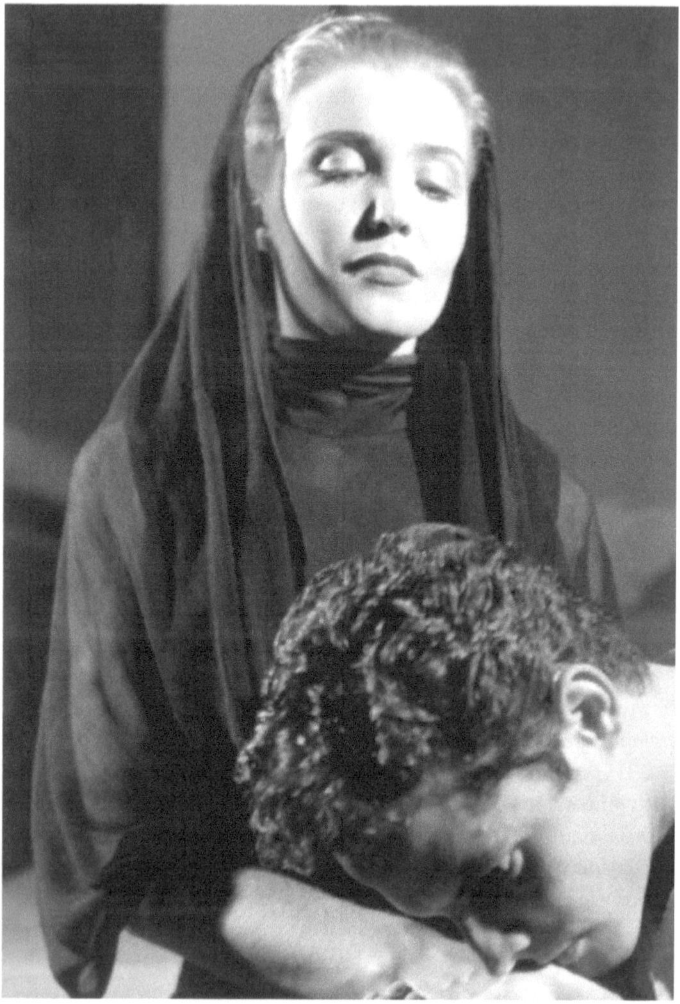

ISMAEL *(Orlando Guy) beija a mão de* VIRGÍNIA *(Maria Della Costa) em* Anjo negro. *Teatro Fênix, Rio de Janeiro, 1948. (Acervo Cedoc / Funarte)*

GLOSSÁRIO DE TERMOS TEATRAIS

Apresentamos a seguir alguns termos próprios da carpintaria teatral, isto é, da estrutura básica de uma peça, da montagem e do espaço cênico, que podem ajudar a compreender a sua leitura e o andamento do espetáculo, por serem recorrentes na dramaturgia de Nelson Rodrigues.

ARQUITETURA CÊNICA ver Cenografia.

ATO subdivisão da ação de uma peça, que em geral compreende uma unidade temporal e desenvolve um estágio, ou fase, do conflito e da trama entre os personagens.

ATOR profissional que representa papéis ficcionais no teatro. O ator como profissional remunerado, que ganha a vida com as representações que faz, surgiu com o teatro moderno, no fim da Idade Média e começo da Renascença.

BASTIDOR originalmente a palavra designava os espaços laterais ao palco. Hoje designa tudo o que está fora do palco, ou das vistas do espectador. Uma ação que se desenvolve mas que o espectador não presencia se passa no bastidor.

CENA em geral a cena designa a menor subdivisão da ação de um ato, tendo um único espaço por cenário e um número fixo de personagens. A mudança de espaço ou a entrada ou a saída de um personagem implicam o fim de uma cena e o começo de outra. A palavra pode designar também o espetáculo em si; assim, quando um ator entra no palco, se diz que ele está em cena.

CENÁRIO essa palavra designa tanto o espaço físico construído no palco, com as pinturas, os móveis, os biombos e outros elementos postos em cena, quanto o espaço ficcional criado na peça. Daí se pode dizer, por exemplo, que o cenário de uma peça é de fulano de tal, o cenógrafo. Por outro lado, pode-se dizer também que as peças de Nelson Rodrigues, em geral, têm o Rio de Janeiro por cenário.

CENOGRAFIA a cenografia (ou Arquitetura cênica) de uma peça compreende o cenário; mas engloba também toda a concepção conceitual do espaço cênico, se ele será realista, fantasioso, de sonho, de pesadelo, surreal, envolvendo também a movimentação da cena, a iluminação, se as mudanças de cenário serão feitas à vista do público ou não, se o palco será dividido em vários espaços etc.

DIREÇÃO a direção, privilégio do diretor ou encenador, corresponde à concepção do espetáculo como um todo, incluindo a atuação dos atores, o modo de falarem, se posicionarem e se movimentarem, além de determinar a cenografia, o tipo de cenário etc. Ao contrário do que se pensa em geral, o diretor é um personagem muito recente no teatro, do fim do século XIX, quando o teatro dito realista começou a ceder espaço para as experiências de vanguarda.

FIGURINO — refere-se à concepção e execução do que os artistas vestem.

LUZ EM RESISTÊNCIA — é um efeito de iluminação comum nas peças de Nelson Rodrigues pela atmosfera de "sonho" que pode criar. Aumentar a intensidade da luz ou diminuí-la, ou ainda fazê-la variar durante o espetáculo são efeitos de luz em resistência.

MISE-EN-SCÈNE — expressão francesa que designa o processo de concepção e de montagem de um espetáculo que traduz ou constrói um texto, pondo-o em cena.

PALCO — espaço do teatro onde se dá propriamente a representação, visível ao público. Nossa noção comum de palco e de teatro é o que se designa como italiano, e que o separa completamente da plateia, que fica no escuro enquanto ele é iluminado. Mas nem sempre o teatro foi ou é representado num espaço desse tipo. O teatro pode ser de arena, ou os espectadores podem ficar no meio dos atores etc. Mas as peças de Nelson Rodrigues foram pensadas em geral para uma representação no tradicional palco italiano.

QUADRO designa um cenário fixo em tempo contínuo que pode prevalecer durante várias cenas. Ao se mudar o cenário ou o tempo da representação (da aurora para o crepúsculo, por exemplo), muda-se o quadro.

RUBRICA a palavra designa os apontamentos (em geral impressos em itálico) que o autor põe no texto da peça e que orientam o comportamento dos atores, a visão do diretor, ou descrevem o cenário, a cena, situam a época etc. A palavra "rubrica" vem do fato de que nos antigos missais as descrições de como os assistentes ou oficiantes deviam se portar (em pé, sentados, de joelhos etc.) eram feitas com tinta vermelha, rubra. O conjunto de rubricas se chama didascália.

NELSON RODRIGUES E O TEATRO

Nelson Rodrigues nasceu em Recife, em 1912, e morreu no Rio de Janeiro, em 1980. Foi com a família para a então capital federal com sete anos de idade. Ainda adolescente começou a exercer o jornalismo, profissão de seu pai, vivendo em uma cidade que, metáfora do Brasil, crescia e se urbanizava rapidamente. O país deixava de ser predominantemente agrícola e se industrializava de modo vertiginoso em algumas regiões. Os padrões de comportamento mudavam numa velocidade até então desconhecida. O Brasil tornava-se o país do futebol, do jornalismo de massas, e precisava de um novo teatro para espelhá-lo, para além da comédia de costumes, dos dramalhões e do alegre teatro musicado que herdara do século XIX.

De certo modo, à parte algumas iniciativas isoladas, foi Nelson Rodrigues quem deu início a esse novo teatro. A representação de *Vestido de noiva*, em 1943, numa montagem dirigida por Ziembinski, diretor polonês refugiado da Segunda Guerra Mundial no Brasil, é considerada o marco zero do nosso modernismo teatral.

Depois da estreia dessa peça, acompanhada pelo autor com apreensão até o final do primeiro ato, seguiram-se outras 16, em trinta anos de produção contínua, até a última, *A serpente*, de 1978. Não poucas vezes teve problemas com a censura, pois suas peças eram consideradas ousadas demais para a época, tanto pela abordagem de temas polêmicos como pelo uso de uma linguagem expressionista que exacerbava imagens e situações extremas.

Além do teatro, Nelson Rodrigues destacou-se no jornalismo como cronista e comentarista esportivo; e também como romancista, escrevendo, sob o pseudônimo de Suzana Flag ou com o próprio nome, obras tidas como sensacionalistas, sendo as mais importantes *Meu destino é pecar*, de 1944, e *Asfalto selvagem*, de 1959.

A produção teatral mais importante de Nelson Rodrigues se situa entre *Vestido de noiva*, de 1943 — um ano após sua estreia, em 1942, com *A mulher sem pecado* —, e 1965, ano da estreia de *Toda nudez será castigada*.

Nesse período, o Brasil saiu da ditadura do Estado Novo, fez uma fugaz experiência democrática de 19 anos e entrou em outro regime autoritário, o da ditadura de 1964. Os Estados Unidos lutaram na Guerra da Coreia e depois entraram na Guerra do Vietnã. Houve uma revolução popular malsucedida na Bolívia, em 1952, e uma vitoriosa em Cuba, em 1959. Em 1954 o presidente Getúlio Vargas se suicidou e em 1958 o Brasil ganhou pela primeira vez a Copa do Mundo de futebol. Dois anos depois Brasília era inaugurada e substituía o eterno Rio de Janeiro de Nelson como capital federal. A bossa nova revolucionou a música brasileira, depois a Tropicália, já a partir de 1966.

Quer dizer: quando Nelson Rodrigues começou sua vida de intelectual e escritor, o Brasil era o país do futuro. Quando chegou ao apogeu de sua criatividade, o futuro chegava de modo vertiginoso, nem sempre do modo desejado. No ano de sua morte, 1980, o futuro era um problema, o que nós, das gerações posteriores, herdamos.

Em sua carreira conheceu de tudo: sucesso imediato, censura, indiferença da crítica, até mesmo vaias, como na estreia de *Perdoa-me por me traíres*, em 1957. A crítica fez aproximações do teatro de Nelson Rodrigues com o teatro norte-americano, sobretudo o de Eugene O'Neill, e com o teatro expressionista alemão, como o de Frank Wedekind. Mas o teatro de Nelson era sempre temperado pelo escracho, o deboche, a ironia, a invectiva e até mesmo o ataque pessoal, tão caracteristicamente nacionais. Nelson misturou tempos em mitos, como em *Senhora dos afogados*, onde se fundem citações de Shakespeare com o mito grego de Narciso e o nacional de Moema, nome de uma das personagens da peça e da índia que, apaixonada por Diogo de Albuquerque, o Caramuru, nada atrás de seu navio até se afogar, imortalizada no poema de Santa Rita Durão, "Caramuru".

Todas as peças de Nelson Rodrigues parecem emergir de um mesmo núcleo, onde se misturam os temas da virgindade, do ciúme, do incesto, do impulso à traição, do nascimento, da morte, da insegurança em tempo de transformação, da fraqueza e da canalhice humanas, tudo situado num clima sempre farsesco, porque a paisagem é a de

www.ingramcontent.com/pod-product-compliance
Ingram Content Group UK Ltd.
Pitfield, Milton Keynes, MK11 3LW, UK
UKHW040314300826
14791UKWH00003B/872

9 788520 930687

Editoras responsáveis
Janaína Senna
Maria Cristina Antonio Jeronimo

Produção
Adriana Torres
Ana Carla Sousa

Produção editorial
Pedro Staite
Rachel Rimas

Revisão
Eduardo Carneiro
Eni Valentim Torres

Capa
Celina Faria
Leandro Liporage

Projeto gráfico
Paula Astiz

Diagramação
Trio Studio

Agradecemos a todos os funcionários do Centro de Documentação/ Biblioteca da Fundação Nacional de Artes no Rio de Janeiro, especialmente a Márcia Cláudia Figueiredo, Antonio Carlos Mosquito e Janaína Veiner, pela colaboração à edição deste livro.

BIBLIOGRAFIA SUGERIDA SOBRE TEATRO E O TEATRO DE NELSON RODRIGUES

AGUIAR, Flávio. "O Brasil e o teatro: qual dos dois não é mais aquele?", em D'Incao, Maria Ângela (org.). *O Brasil não é mais aquele: mudanças sociais após a redemocratização*. São Paulo: Cortez, 2001. p. 17-28.

CAFEZEIRO, Edwaldo; GADELHA, Carmen. *História do teatro brasileiro*. Rio de Janeiro: UFRJ, 1996.

FRAGA, Eudinyr. *Nelson Rodrigues expressionista*. São Paulo: Ateliê, 1998.

MAGALDI, Sábato. *Nelson Rodrigues — dramaturgia e encenações*. São Paulo: Perspectiva, 2000.

________. *Iniciação ao teatro*. São Paulo: Ática, 1998.

________. *Teatro da obsessão: Nelson Rodrigues*. São Paulo: Global, 2004.

________. *Panorama do teatro brasileiro*. São Paulo: Global, 1998.

PRADO, Décio de Almeida. *Apresentação do teatro brasileiro moderno*. São Paulo: Perspectiva, 2001.

________. *História concisa do teatro brasileiro*. São Paulo: Edusp, 1999.

RODRIGUES, Nelson. *Teatro completo de Nelson Rodrigues*. Rio de Janeiro: Nova Fronteira, 2004. 4v.

VISITAS NA INTERNET

www.releituras.com/nelsonr_bio.asp
(acessado em fevereiro de 2005)

www.jbonline.terra.com.br/destaques/Nelson/biografia.html
(acessado em fevereiro de 2005)

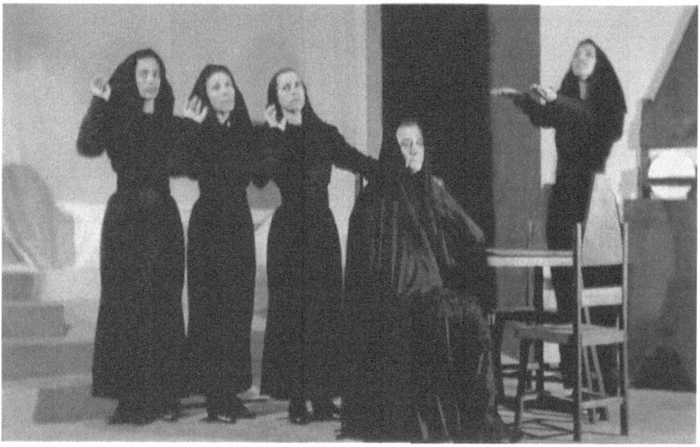

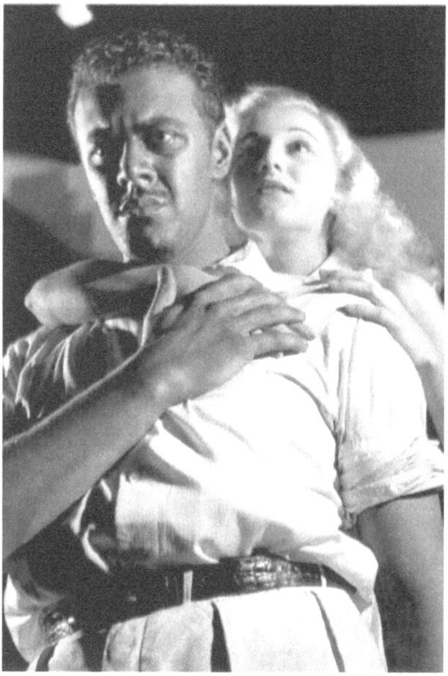

Numa cena da primeira montagem de Anjo negro, *a* TIA *e as* PRIMAS *conversam na sala de visitas. Teatro Fênix, Rio de Janeiro, 1948. (Acervo Cedoc / Funarte)*

*Nicette Bruno (*ANA MARIA*) estreia nos palcos vivendo uma menina cega em* Anjo negro. *Orlando Guy interpreta* ISMAEL, *o Grande Negro. Teatro Fênix, Rio de Janeiro, 1948. (Acervo Cedoc / Funarte)* um tempo desprovido de grandes paixões que não sejam a da posse e da ascensão social e em que a busca de todos é, de certa forma, a venalidade ou o preço de todos os sentimentos.

Nesse quadro vale ressaltar o papel primordial que Nelson atribui às mulheres e sua força, numa sociedade de tradição patriarcal e patrícia como a nossa. Pode-se dizer que em grande parte a "tragédia nacional" que Nelson Rodrigues desenha está contida no destino de suas mulheres, sempre à beira de uma grande transformação redentora, mas sempre retidas ou contidas em seu salto e condenadas a viver a impossibilidade.

Em seu teatro, Nelson Rodrigues temperou o exercício do realismo cru com o da fantasia desabrida, num resultado sempre provocante. Valorizou, ao mesmo tempo, o coloquial da linguagem e a liberdade da imaginação cênica. Enfrentou seus infernos particulares: tendo apoiado o regime de 1964, viu-se na contingência de depois lutar pela libertação de seu filho, feito prisioneiro político. A tudo enfrentou com a coragem e a resignação dos grandes criadores.

www.ingramcontent.com/pod-product-compliance
Ingram Content Group UK Ltd.
Pitfield, Milton Keynes, MK11 3LW, UK
UKHW040314300826
14791UKWH00003B/872

9 788520 930687